화학제품

약이야? 독이야?

사진출처

셔터스톡_ 107p / 신소재를 이용해 만든 비행기(Fasttailwind)
연합뉴스_ 51p / 문제가 된 가습기 살균제 피해자들의 집회 **65p** / 빙판길에 염화칼슘을 뿌리는 모습
위키피디아_ 50p / 농작물에 DDT를 뿌리는 모습(Bundesarchiv_Bild 183-20820-0001)
플리커_ 102p / 머리카락을 확대한 사진(CSIRO) **107p** / 광섬유를 이용한 옷(Bosc d'Anjou)

통합교과 시리즈
참 잘했어요 과학 5

약이야? 독이야? 화학제품

ⓒ 김희정 정인하, 2017

1판 1쇄 발행 2017년 7월 10일 | **1판 7쇄 발행** 2024년 1월 15일

글 김희정 | **그림** 정인하 | **감수** 서울과학교사모임
펴낸이 권준구 | **펴낸곳** (주)지학사
본부장 황홍규 | **편집장** 김지영 | **편집** 박보영 이지연 | **디자인** 이혜리
마케팅 송성만 손정빈 윤술옥 박주현 | **제작** 김현정 이진형 강석준 오지형
등록 2010년 1월 29일(제313-2010-24호) | **주소** 서울시 마포구 신촌로6길 5
전화 02.330.5263 | **팩스** 02.3141.4488 | **이메일** arbolbooks@jihak.co.kr
ISBN 979-11-85786-99-5 74400
ISBN 979-11-85786-82-7 74400(세트)
잘못된 책은 구입하신 곳에서 바꿔 드립니다.

 제조국 대한민국 **사용연령** 8세 이상
KC마크는 이 제품이 공통안전기준에 적합하였음을 의미합니다.

 아르볼은 '나무'를 뜻하는 스페인어. 어린이들의 마음에 담긴 씨앗을 알찬 열매로 맺게 하는 나무가 되겠습니다.

홈페이지 www.jihak.co.kr/arb/book | **포스트** 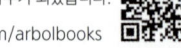 post.naver.com/arbolbooks

통합교과 시리즈
참 잘했어요 과학 5

화학제품

약이야? 독이야?

글 김희정 | 그림 정인하 | 감수 서울과학교사모임

지학사아르볼

펴냄 글

 과학은 왜 어려울까?

- 생물, 지구과학, 물리, 화학 등 공부해야 할 범위가 넓다.
- 책이나 교과서를 볼 땐 이해할 것 같다가도 돌아서면 헷갈린다.
- 과학 현상이나 원리가 어려워서 이해가 안 된다.
- 과학 공부를 할 때 어려운 단어가 많이 나온다.

 과학 공부, 쉽게 하려면 통합교과 시리즈를 펼치자!

통합교과란?

- 서로 다른 교과를 주제나 활동 중심으로 엮은 새로운 개념의 교과
- 하나의 주제를 **개념, 역사, 생활, 인체, 예술** 등 다양한 영역에서 접근해 정보 전달 효과를 높임
- 문이과 통합 교육 과정에 안성맞춤

이런 학생들에게 통합교과 시리즈를 추천합니다!

과학 교과를 처음 배우는 초등학교 **3학년**

과학이 지겹고 어렵게 느껴지는 **4학년**

개념
개념을 알아야 주제가 보인다!
개념 완벽 정리!

역사
과거부터 현재까지,
관련 분야의 역사 지식이
머릿속에 쏙!

생활
우리의 생활을 둘러보고
관련 정보 이해하기

통합교과 시리즈

인체
우리 몸의 신비함과
소중함을 깨닫기

예술
주제 속 예술 분야를 보고
창의력 키우기

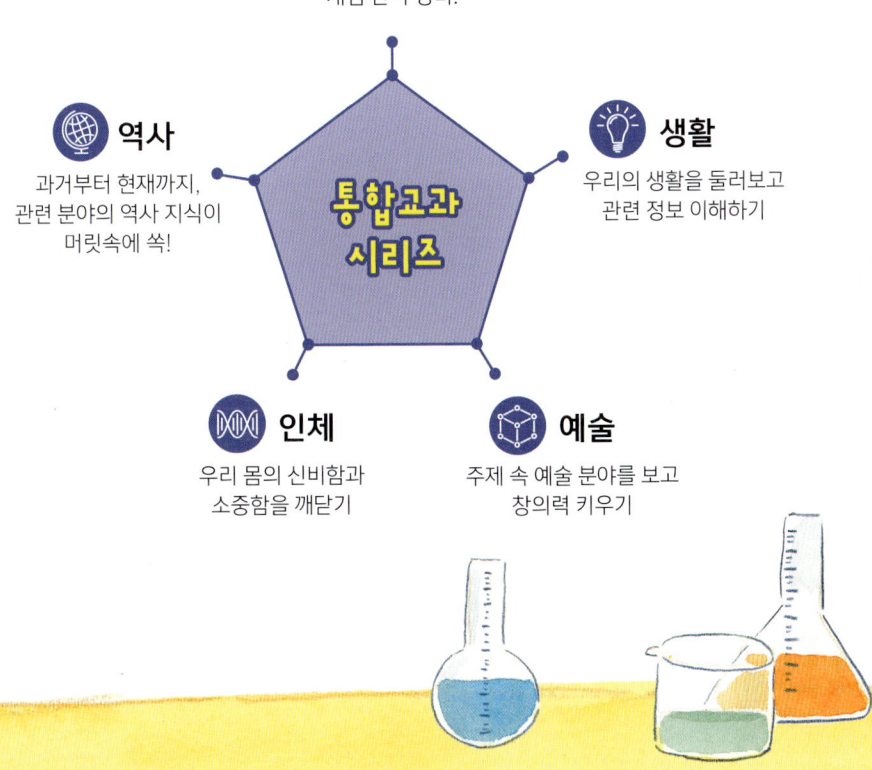

차례

1화
언니는 마술사?
개념 화학이란 무엇일까? 10

- 16 화학은 변하는 거야!
- 18 물질을 이루는 가장 작은 알갱이 – 원자
- 20 물질의 특성을 지닌 가장 작은 알갱이 – 분자
- 22 화합과 분해를 통한 화학 반응
- 24 혼합물과 화합물
- 28 한 걸음 더 – 우리 몸속의 화학 반응

2화
금 나와라 뚝딱!
역사 화학의 발전과 함께한 인류의 삶 30

- 36 고대 그리스에서 시작된 수수께끼
- 38 화학의 첫걸음 연금술
- 40 눈에 보이지 않는 원자를 찾아낸 돌턴
- 42 화학의 발전과 함께 달라진 인간의 삶
- 44 인류를 전쟁 속에 몰아넣은 화학 무기
- 46 생명을 구하는 의약품
- 50 한 걸음 더 – 최악의 화학 관련 사고

3화
우리 집 곳곳에 화학 반응이!
생활 집에서 발견하는 화학 52

- 58 물질을 변화시키는 산소
- 60 부엌에서 살펴본 화학
- 62 때가 쏙 빠지는 세제의 비밀
- 64 옷장 속 벌레와 물기를 없애라!
- 68 한 걸음 더 – 새집에 나타나는 새집 증후군

4화
먹지 마, 위험해! [인체] 몸에 스며드는 화학제품 70

- 76 내 몸에 사용하는 화학제품은 안전할까?
- 77 무슨 색이 제일 맛있어? – 식용 색소
- 78 제품 속 유해 물질을 막아라!
- 80 놀이터에서 묻어 온 유해 물질
- 82 온몸에 바르는 화장품
- 84 균만 죽이는 게 아닌 항균제
- 88 한 걸음 더 – 해로운 화학 물질은 어떻게 관리할까?

5화
예쁘게, 멋있게 변해라! [예술] 아름다움을 만드는 화학 90

- 96 하늘을 수놓는 아름다운 화학 – 불꽃놀이
- 98 다양한 색깔이 가득한 세상 – 합성물감
- 100 자연이 만든 그림 – 단풍
- 102 머리카락의 예술 – 염색과 파마
- 106 한 걸음 더 – 미래를 이끄는 신소재

108 워크북 / 118 정답 및 해설 / 120 찾아보기

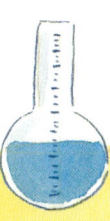

변애라

화학의 세계에 푹 빠진 아르볼 초등학교 4학년생. 궁금한 것이 생기면 무엇이든지 직접 찾아보고 경험해 봐야 답답한 마음이 풀리는 소녀다. 왕성한 호기심 때문에 엉뚱한 일을 많이 벌여서 뜻하지 않게 주변 사람들을 괴롭히는 꼴이 되는데……. 과연 어떤 엉뚱한 일이 일어날까?

변신애

변애라의 언니인 아르볼 고등학교 2학년생.
학교에서 과학부 회장을 맡고 있다.
다이아몬드 만드는 방법을 알려 달라고 떼쓰는
동생을 보고, 화학의 '화' 자도 모른다며 구박한다.
그러나 알고 보면 동생을 잘 챙기는 착한 언니!

기대로

변애라를 잘 따르는 아르볼 초등학교 2학년생.
두 자매의 집 근처에 사는 착한 동네 꼬마다.
그러나 변애라를 믿고 따랐다가 여기저기 아프고 고생한다.
급기야 애라를 피해 다니기 시작하는데…….
과연 기대로는 다시 애라와 친해지고 화학의 재미를 느낄 수 있을까?

- 화학은 변하는 거야!
- 물질을 이루는 가장 작은 알갱이 - 원자
- 물질의 특성을 지닌 가장 작은 알갱이 - 분자
- 화합과 분해를 통한 화학 반응
- 혼합물과 화합물

한눈에 쏙 - 화학이란 무엇일까?

한 걸음 더 - 우리 몸속의 화학 반응

 화학은 변하는 거야!

여러분은 화학이라는 말을 어디서 들어 보았나요? 화학제품, 화학 성분, 화학 약품 등등 화학이라는 단어는 이미 우리 생활 속에 많이 사용되지요. 화학은 과학의 한 분야예요.

화학은 변화를 공부하는 학문

한자로 화학에서의 화(化)는 '무엇이 되다, 달라지다, 변화하다'라는 뜻이에요. 한자를 그대로 풀이하면 화학은 달라지는 것을 공부하는 학문이지요.

될 화   배울 학

우리 주변을 살펴봐요. 눈앞에서, 혹은 모르는 사이에 달라지고 있는 게 많이 있지요? 예를 들어 볼게요. 아침 식사로 먹은 계란 프라이는 프라이팬 위에서 지글지글 구워지기 전까지만 해도 흐물흐물하고 투명한 모습이었어요. 딱딱하던 쌀알도 밥솥에 넣어 버튼을 누르니 말랑말랑 맛있는 밥으로 변했어요.

음식뿐만이 아니에요. 생머리인 사람이 미용실에서 파마를 하면 머리카락이 구불구불해지고, 머리색도 바꿀 수 있어요. 푸른색 나뭇잎은 어느새 빨간색, 노란색으로 바뀌었다가 땅으로 하나둘씩 떨어져요.

파마와 염색 　　　　　나뭇잎의 변화

폭죽 　　　　　음식물의 소화

마치 마법사가 마법을 부리는 것처럼, 세상은 계속해서 다른 모습으로 변하고 있어요. 화학을 알면 이런 변화의 비밀을 풀 수 있어요. 어때요, 화학이 좀 더 궁금해졌지요?

물질을 이루는 가장 작은 알갱이 – 원자

변화의 비밀을 풀려면 먼저 물체*를 만드는 데 재료가 되는 물질이 무엇으로 이루어졌는지 알아야 해요.

이런 궁금증은 아주 오래전, 한 철학자의 머릿속에도 자리 잡았어요. 고대 그리스 철학자 데모크리토스는 어느 날 이런 궁금증이 생겼어요.

고민을 거듭하던 데모크리토스는 모든 물질을 계속해서 쪼개다 보면 더 이상 쪼갤 수 없는 작은 알갱이인 '원자'가 나올 거라 생각했지요.

데모크리토스가 2500년 전에 내세운 이 주장은 많은 과학자들이 원자에 대해 연구하게 된 바탕이 되었어요.

★ **물체** 모양이 있고 공간을 차지하는 것

이후 원자에 대해 새롭게 발견된 사실이 많지만(2화에서 알려 줄게요!) 물질의 기본 단위를 원자라고 부르는 것은 변하지 않았답니다.

이후 과학자들은 수많은 원자를 발견했어요. 산소의 가장 작은 단위인 산소 원자, 그리고 못의 철 성분을 이루는 철 원자도 그중 하나이지요. 산소나 철은 한 가지의 원자로만 이루어져 있지만, 어떤 물질은 여러 종류의 원자로 이루어져 있기도 해요.

원자들은 다양한 방법으로 만나 세상을 이루는 많은 물질을 만들어 낸답니다.

물질의 특성을 지닌 가장 작은 알갱이 – 분자

여러분의 교실을 떠올려 봐요. 반 친구들 모두 서로 다른 개성을 지녔지요? 물질에도 저마다의 특성이 있어요. 소금은 짜고, 설탕은 달고, 식초는 시큼한 것처럼 말이에요.

원자가 모여 분자로 뽕!

소금은 나트륨(Na)과 염소(Cl)라는 두 가지 종류의 원자로 이루어져 있어요. 그런데 이 두 원자에는 짠맛이 전혀 없어요. 하지만 둘이 만나 하나가 되면 신기하게도 소금의 짠맛을 나타내는 특성을 갖는답니다.

이처럼 물질의 특성을 나타내는 가장 작은 단위를 '분자'라고 해요.

앞에서 배운 원자는 물질을 이루는 가장 작은 알갱이지만, 물질의 특성을 나타내는 가장 작은 단위는 바로 분자이지요.

모든 물질은 어떤 원자 몇 개가 어떤 모양으로 모여야 하는지, 자기만의 만들어지는 방법이 있어요. 원자가 적게 모일 수도, 많이 모일 수도 있지요. 예를 들어, 물 분자에는 원자가 3개뿐이지만, 설탕 분자에는 무려 45개가 있답니다.

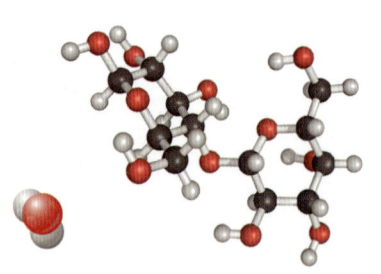

물 H_2O
(원자 3개)

설탕 $C_{12}H_{22}O_{11}$
(원자 45개)

원자와 분자가 헷갈린다고?

원자와 분자를 쉽게 이해하기 위해 장난감을 가져왔어요. 이 장난감을 '분자'라고 생각해 봐요.

이때 장난감 부품 하나하나를 원자라고 생각하면 돼요. 여기에 총 몇 개의 부품이 있나요? 10개! 따라서 분자 1개에 10개의 원자가 들어 있는 셈이랍니다.

분자 1개 → 원자 10개

원자, 원소를 구분해 보자!

이번엔 부품의 종류를 살펴볼까요? 머리카락, 머리, 몸통, 하체, 팔, 손, 발, 총 7종류의 부품이 보이네요.

앞에서 '종류별로 나눈 원자들의 모임'을 '원소'라고 했던 것 기억나요? 따라서 장난감 분자에는 7종류의 원소가 있는 것이랍니다.

이제 원자, 원소, 분자의 개념을 쉽게 이해할 수 있어!

부품 개수 10개 → 원자 10개
부품 종류 7개 → 원소 7개

화합과 분해를 통한 화학 반응

이제 다시 '변화의 비밀'로 돌아가 볼까요? 물질들은 모두 저마다의 특성을 가지고 있어요. 그리고 그 특성을 나타내는 것이 분자이지요.

그럼 물질의 특성이 바뀌려면 무엇이 변해야 할까요? 바로 분자가 달라져야 해요. 분자의 화합과 분해에 대해 알아볼까요?

분자의 특성을 바꾸는 화합과 분해

화합 여러 원자가 모여 하나의 분자가 될 때는 마치 블록을 맞춰 끼우는 것처럼 서로 강하게 이어져요. 화학에서는 이러한 원자들의 연결을 '화합(화학 결합)'이라 불러요.

될 화   합할 합

CO_2 (이산화탄소)

H_2O (물)

O_2 (산소)

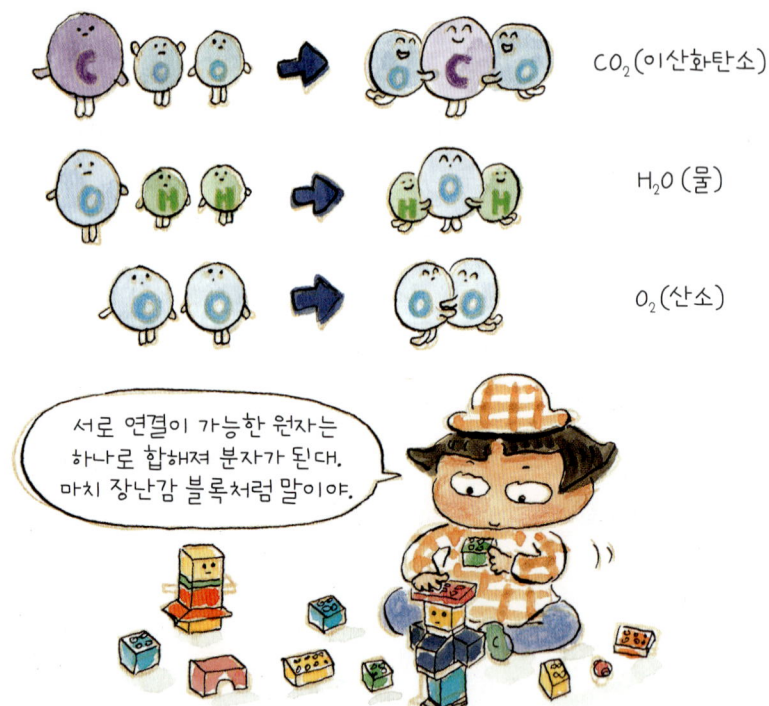

서로 연결이 가능한 원자는 하나로 합해져 분자가 된대. 마치 장난감 블록처럼 말이야.

분해 여러 개가 연결된 블록으로 새로운 모양을 만들고 싶을 때는 어떻게 해야 할까요? 연결된 블록들을 낱개로 떼었다가 새롭게 다시 연결해야 하지요.

분자도 마찬가지예요. 한 분자를 다른 분자로 바꾸려면 원자들의 연결(화합)을 깼다가 새로운 모양으로 연결해야 해요. 그런데 이미 화합한 분자는 쉽게 나눠지지 않아요. 따라서 분자를 분해하려면 열이나 전기 등을 이용해야 한답니다.

화학 반응

앞에서 여러 원자가 연결되어 한 분자가 되거나(화합), 연결이 깨져서 나뉘는 현상(분해)을 살펴보았어요. 이렇게 물질이 처음과 다른 물질로 변하는 과정을 '화학 반응'이라고 한답니다.

혼합물과 화합물

비가 오면 학교 운동장은 흙탕물이 돼요. 하지만 시간이 지나면 물은 공기 중으로 날아가고 흙만 남지요.

흙탕물처럼 여러 물질이 화학 반응을 일으키지 않고 섞여만 있는 물질을 혼합물이라고 해요. 흙과 물은 잠시 섞인 것이기 때문에 각자의 특징을 그대로 지닌 채 쉽게 분리되지요.

이번엔 소금과 물을 섞어 볼까요? 소금을 물에 넣고 잘 녹이면 소금물이 돼요. 소금은 곧 눈에 보이지 않지요. 그럼 소금이 없어진 걸까요? 하지만 소금물을 한 모금 마시면? 음~ 소금의 짠맛이 느껴지네요. 즉, 소금은 물속에 잠시 몸을 감추고 있는 거예요.

이처럼 소금물도 소금의 짠 성질과 물의 성질을 그대로 가지고 있는 혼합물이랍니다.

소금을 얻는 염전

서로 다른 물질이 만나 화학 반응을 일으켜 새로운 물질로 변하는 경우가 있는데, 이를 '화합물'이라고 해요.

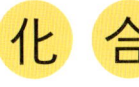

될**화** 합할**합** 물질**물**

화합물은 소금물이나 진흙처럼 두 물질이 단순하게 섞인 것이 아니에요. 앞에서 배운 '화학 반응'을 통해 합쳐진 것이기 때문에 각자의 특성은 사라지고, 전혀 다른 하나의 물질이 생기는 것이지요.

우리 주변에서 쉽게 볼 수 있는 물도 화합물이에요. 물은 산소와 수소가 만나 화학 반응을 일으켜 생긴 새로운 물질이랍니다.

화합물은 화학 반응이 일어나기 전과는 완전히 다른 모습, 다른 특성을 지닌 새로운 물질이에요. 그래서 다시 예전 모습으로 쉽게 돌아갈 수 없답니다.

한눈에 쏙!

화학이란 무엇일까?

화학이란?

- 물질의 변화를 연구하는 학문
- 우리 주변에서 쉽게 볼 수 있는 화학 현상
  ⋯ 파마, 염색, 나뭇잎 색깔 변화,
  폭죽, 소화, 배변 등

원자

- 물질을 이루는 가장 작은 알갱이
- 물질은 한 가지 원자로만 이루어졌거나, 여러 종류의 원자가 모여 이루어짐

분자

- 물질의 특성을 나타내는 가장 작은 단위

원소
- 종류별로 나눈 원자들의 모임으로, 물질을 이루는 기본 성분

화학 반응
- 물질이 처음과 다른 물질로 변하는 과정
- 물질의 특성이 바뀌려면, 화합과 분해를 통해 분자가 변해야 함
- 화합 : 여러 원자가 모여 하나의 분자가 되는 것
- 분해 : 화합한 분자를 열이나 전기 등을 이용해 쪼개는 것

혼합물
- 여러 물질이 화학 반응을 일으키지 않고 가만히 섞여 있는 물질
  예) 소금물, 흙탕물

화합물
- 여러 물질이 화학 반응을 일으켜 새로운 물질로 변한 물질
  예) 물(수소 + 산소)

한 걸음 더!

우리 몸속의 화학 반응

화학 반응은 우리 몸속에서도 일어나요. 우리가 자거나 숨 쉬는 동안에도 쉴 새 없이 일어나요. 보이진 않지만 우리 몸은 계속해서 변하고 있어요.

사람이 변하면 큰일 나는 거 아니냐고요? 자, 거울을 한번 자세히 봐요. 몇 주 전보다 머리카락이 조금 길어졌지요? 손톱, 발톱도 길어져서 잘라야 하고요. 아마 눈치채긴 어렵지만 키도 조금 컸을 거예요. 머리카락, 손톱, 발톱은 어떻게 길어지는 걸까요? 그 비밀은 우리가 매일 먹는 음식에 있어요.

음식물이 우리 몸속에 들어오면 소화 과정을 거쳐요. 소화는 음식물에 있는 여러 영양소가 우리 몸에 흡수되기 쉽게 분해되는 현상이에요.
음식물은 탄수화물, 단백질, 지방 등의 영양소로 나뉘어요. 이 영양소는 다시 여러 단계의 화학 반응을 거쳐, 우리가 자라고 살아가는 데 꼭 필요한 성분들로 변하지요.
영양소는 우리가 쑥쑥 자랄 수 있게 성장 호르몬*을 만들고, 맘껏 운동장을 뛰어놀 때 필요한 에너지도 만들어요. 입 속에 들어갈 때와는 전혀 다른 모습으로 변하다니, 정말 신기하지요?

음식물이 몸속에 들어가 변하지 않고 그대로 쌓이기만 하면 어떻게 될지 상상해 봐. 우리 배는 점점 커져 언젠가 뻥 터져 버릴 거야.

★ **성장 호르몬** 사람이 자라나는 데 도움을 주는 물질

고대 그리스에서 시작된 수수께끼

'이 세상의 모든 것을 이루는 기본 물질은 무엇일까'에 대한 고민은 아주 오래전부터 시작되었어요. 고대 그리스의 철학자 중 이 질문에 답을 찾으려고 노력한 사람이 있었는데, 바로 탈레스랍니다.

세상은 물로 이루어졌다?

탈레스는 세상 모든 것을 이루는 것의 뿌리는 물이라고 생각했어요. 물이라는 한 가지 물질로 모든 것을 만들 수 있다고 말이에요. 하지만 그 후의 사람들은 '세상의 모든 것을 정말 물 하나로 만들 수 있을까?' 하고 의심했답니다.

세상은 4가지 원소로 이루어졌다? - 4원소설

다른 고대 그리스의 철학자 엠페도클레스는 4원소설을 주장했어요. 물 하나로 세상 모든 물질을 만들 수는 없다고 생각한 것이지요. 그는 물, 불, 흙, 공기, 이 4가지 원소가 세상을 이룬다고 생각했답니다.

아리스토텔레스가 인정한 4원소설

고대 그리스의 또 다른 철학자 아리스토텔레스는 엠페도클레스의 4원소설을 이어받아 조금 더 발전시켰어요.

아리스토텔레스는 물질은 차갑고, 따뜻하고, 축축하고, 마른 4가지 성질을 가지고 있다고 생각했어요. 그는 이 성질을 잘 조절하면 서로 다른 물질로 변한다고 주장했지요.

예를 들어 불은 마른 성질과 따뜻한 성질이 있고, 흙은 마른 성질과 찬 성질이 있다고 여겼어요. 이때 흙의 성질을 어떠한 과정을 거쳐 따뜻한 성질로 바꾸면, 흙이 불로 변한다고 생각한 것이랍니다.

이런 식으로 세상의 모든 물질은 이 4가지 원소가 각각 특정한 비율로 섞여서 만들어졌다고 생각했어요.

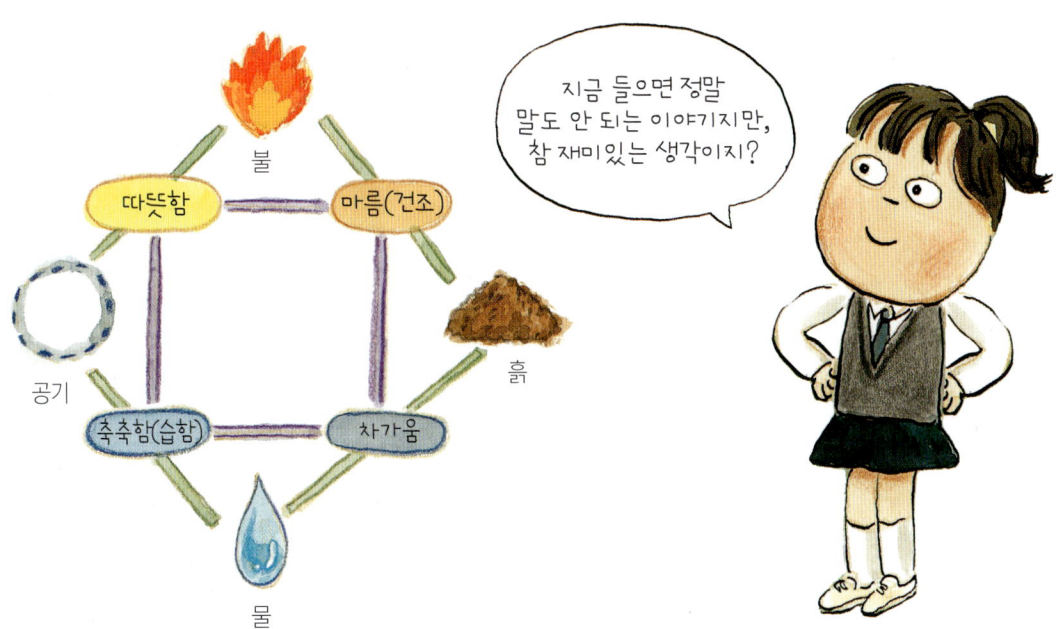

화학의 첫걸음 연금술

옛날 고대 사람들은 아리스토텔레스의 4원소설을 믿었어요. 그들은 '어떻게 하면 원소의 성질을 바꿔서 내가 갖고 싶은 것을 만들 수 있을까' 하는 고민에 빠졌지요. 값비싼 물질을 마음대로 만들 수 있다면 부자가 될 수 있으니까요.

연금술 실험실

연금술의 시작

고대 그리스에서 시작된 이러한 주장은 세계로 퍼졌어요. 그러다 실제로 값싼 물질을 비싼 금으로 바꾸려는 시도가 일어났지요. 이 연구를 연금술이라 불렀고, 연금술을 연구하는 사람들을 연금술사라고 했답니다.

금 나와라 뚝딱!

고대의 연금술은 우리가 생각하는 과학 실험과는 거리가 멀었어요. 오히려 주술에 더 가까운 모습이었지요.

간혹 수은을 이용해 금을 만드는 데 성공했다는 연금술사도 나타났어요. 하지만 금과 비슷한 색깔의 물질이었을 뿐, 진짜로 금을

연금술사들이 실험하는 모습

만들어 낸 연금술사는 없었어요.

고대와 중세에 인기를 끌었던 연금술은 과학이 빠르게 발전한 19세기 근대로 와서 결국 실패로 끝났어요.

하지만 어떤 물질을 다른 물질로 바꿀 수 있다는 연금술사들의 믿음은 현대 화학의 기초가 되었답니다.

《해리 포터》에 등장하는 **마법사의 돌** TIP

옛날 연금술사들은 값싼 물질을 금으로 바꾸는 돌이 있다고 믿었어요. 사람들은 그 돌을 '마법사의 돌' 또는 '현자의 돌'이라고 불렀지요. 이 때문에 유럽 문화 속에는 마법사의 돌을 소재로 한 이야기가 많이 있어요. 대표적으로 해리 포터 이야기에 나오는 마법사의 돌을 꼽을 수 있지요.

마법을 소재로 한 영화 〈해리 포터와 마법사의 돌〉

눈에 보이지 않는 원자를 찾아낸 돌턴

고대의 4원소설은 오랜 시간 동안 많은 사람이 인정하던 학설이었어요. 사실 따지고 보면 1화에서 본 데모크리토스가 주장한 원자설이야말로, 더 진실에 가까웠는데도 말이에요.

오랜 시간이 지나 근대에 와서 이 원자설 이론을 다시 꺼내 든 학자가 있었어요. 바로 영국의 과학자 돌턴(1766~1844년)이에요.

돌턴의 원자설

돌턴은 '물질은 더 이상 쪼갤 수 없는 원자로 이루어져 있다'고 생각했어요. 또한 원자의 모습은 작고 단단한, 공처럼 둥근 모양이라고 주장했지요. 이 주장은 데모크리토스의 원자설과 거의 비슷해요.

다른 점이 있다면, 데모크리토스는 연구나 근거 없이 머릿속에 떠오른 생각만으로 주장한 것이었어요. 반대로 돌턴은 많은 과학자들이 오랫동안 연구한 실험을 바탕으로 주장한 거예요.

돌턴의 원자설 덕분에 실제로 많은 화학 반응을 설명해 낼 수 있었답니다.

돌턴의 실수

돌턴이 주장한 원자설의 핵심은 크게 4가지예요. 하지만 시간이 흘러 과학이 발달하자, 이 중 3가지가 틀렸다는 것이 밝혀졌지요. 어떤 주장이 있었는지 살펴볼까요?

첫째, 원자는 더 이상 쪼갤 수 없는 가장 작은 단위이다.

둘째, 같은 종류의 원자는 크기와 질량이 같다.

셋째, 원자는 다른 종류의 원자로 바뀌지 않는다.

넷째, 두 종류 이상의 원자가 간단한 비율로 결합하여 새로운 물질을 만든다.

TIP 원자를 더 쪼갤 수 있다고?

현대 과학자들은 원자가 전자, 양성자, 중성자로 구성되었다는 것을 알아냈어요. 전자는 음(-)의 전기를 띤 가벼운 알갱이고, 양성자는 양(+)의 전기를 띤 알갱이예요. 중성자는 아무 전기도 띠지 않은 알갱이예요. 이 알갱이들은 원자의 중심이 되는 원자핵에 양성자와 중성자가 함께 뭉쳐 있고, 그 주변에 전자가 퍼져 있는 모양이랍니다.

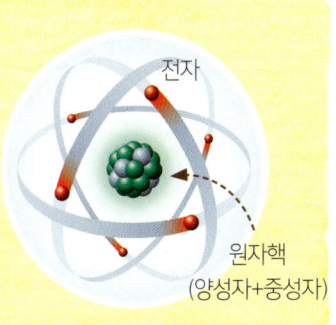

화학의 발전과 함께 달라진 인간의 삶

돌턴의 연구 이후, 과학은 18~19세기를 지나면서 빠르게 발전했어요. 그에 따라 사람들의 삶도 많이 변했지요. 화학의 발전은 인간을 풍요롭게도 했지만, 많은 사람을 다치게도 했어요. 근대에서 현대로 넘어가는 과정에서, 화학은 사람들에게 어떤 영향을 끼쳤는지 살펴볼까요?

필요한 물질을 화학 연구로 얻으려는 노력

세계 인구가 폭발적으로 늘어나던 1900년대. 사람들은 인류의 식량 문제에 눈을 돌리기 시작했어요.

농작물이 잘 자라려면 흙 속에 질소라는 성분이 꼭 필요해요. 하지만 흙 속에 묻힌 질소의 양은 정해져 있기 때문에 언젠가는 다 써 버릴 것이 분명했지요.

질소가 없으면 식물이 자랄 수 없으니, 당시 사람들이 식량 문제를 고민한 건 당연했어요.

더 많은 식물이 잘 자라게 하는 유일한 방법은 부족한 질소를 인공적으로 만들어 흙에 뿌리는 것이었지요.

당시 독일의 과학자 하버는 동료 과학자들과 함께 '어떻게 하면 질소를 만들 수 있을까?' 고민했어요. 그러다 생각한 것이 바로 공기 중에 있는 질소를 이용하는 방법이었어요.

식량 문제를 해결한 화학 비료

우리가 숨 쉬는 공기에는 눈에 보이지 않지만 질소가 80퍼센트나 들어 있어요. 나머지 20퍼센트는 우리가 잘 아는 산소로 차 있지요.

하버는 공기에 있는 질소를 농사에 이용할 수만 있다면 식량 문제를 해결할 수 있을 거라고 생각했어요. 공기는 우리 주변에 얼마든지 있으니까요.

연구를 거듭하던 하버는 결국 공기 중에 있는 질소를 이용하여 암모니아를 대량으로 만드는 방법을 알아냈어요. 암모니아는 비료의 재료로 아주 좋은 물질이기 때문에, 농작물을 키우는 데 큰 도움이 되었답니다.

이러한 인공 비료의 개발로 농작물을 생산하는 속도가 매우 빨라졌어요. 사람들은 하버를 '인류를 구한 최고의 과학자'라며 높이 평가했지요.

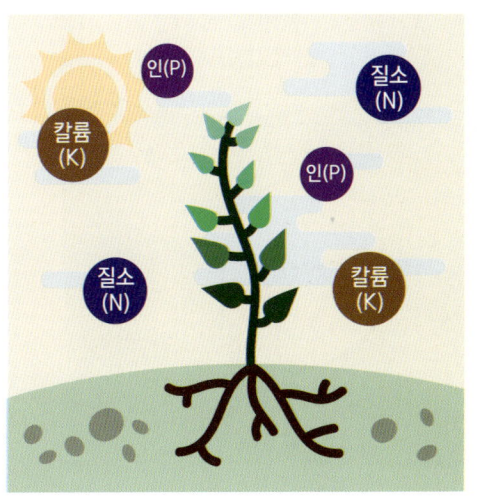

 인류를 전쟁 속에 몰아넣은 화학 무기

1914년 7월, 제1차 세계 대전이 일어났어요. 독일도 곧 이 전쟁에 휘말렸지요. 전쟁은 무려 4년 4개월이나 계속되었어요.

오랜 시간 동안 전쟁을 하다 보니 독일군에 문제가 생겼어요. 바로 전쟁에서 가장 중요한 무기인 폭약이 부족해진 거예요. 폭약의 핵심 재료 역시 질소였답니다.

사람을 살리던 질소, 무기가 되다

독일 정부는 곧 하버를 불러들였어요. 나라를 사랑하는 마음이 컸던 하버는 정부의 명령에 따라 폭약을 만들었지요.

독일은 하버의 노력으로 계속해서 전쟁을 할 수 있었어요. 질소로 인공 비료를 개발하여 많은 사람을 살린 하버의 연구가 이번에는 사람들의 목숨을 빼앗은 끔찍한 전쟁 무기로 이용된 것이지요.

그 후로도 화학 물질을 이용한 무기가 전쟁에 사용되었어요. 또 다른 역사 속 과학자들도 인류에 도움이 되는 훌륭한 연구를 했지만, 인류에게 피해를 주기도 했지요.

세계 대전에서 사용된 핵폭탄 폭발 장면

화학제품, 어떻게 쓸 것인가?

사람에게 도움을 주기 위해 만든 물질이 사람을 해치는 데에도 사용된다면 화학 연구를 그만두어야 할까요? 여러분은 하버를 통해 무엇을 깨달았나요?

과학자는 연구를 잘하는 것도 중요하지만, 무엇을 위해 연구하느냐가 더 중요해요.

물론 무엇보다도 전쟁과 같은 슬픈 역사가 되풀이되지 않도록 모든 나라가 서로 협력하며 발전해야겠지요?

> 나는 내 연구가 무기를 개발하는 데 사용됐다는 사실을 알고 무척 슬펐단다.

> 부디 과학 지식은 좋은 곳에만 사용되기를!

아인슈타인

 생명을 구하는 의약품

인류 역사상 가장 오랫동안 사용한 약은 무엇일까요? 바로 우리가 열이 나거나 아플 때 먹는 진통·해열제예요. 무려 3500년 동안이나 사용하고 있거든요. 이 약은 어떻게 이렇게 긴 세월을 인류와 함께했을까요?

버드나무 껍질의 효과

기원전 1550년에 만들어진 한 파피루스*에서 '버드나무 껍질을 먹으면 열이 내리고, 통증이 사라지며, 염증을 낫게 한다'는 기록을 발견했어요. 버드나무 껍질이 이런 기능을 가진 이유는 껍질에 들어 있는 '살리실산'이라는 물질 때문이었지요.

살리실산은 진통을 멎게 하고, 열을 내리게 하는 성질이 있는 물질이에요. 하지만 먹으면 속이 메스꺼워 불편했답니다.

작지만 위대한 발명품 아스피린

1875년, 한 제약 회사에서 일하던 화학자 호프만은 통증을 줄이기 위해 살리실산을 먹는 아버지가 속이 안 좋아서 고생하는 모습을 보았어요. 그는 살리실산의 단점을 보완한 약을 만들려고 노력했지요.

결국 호프만은 살리실산과 식초의 한 성분인 아세트산을 화학적으로 섞어 열을 낮추고 통증을 줄이

는, 그러면서 부작용*은 거의 없는 약을 개발하는 데 성공했어요. 이 약이 바로 현재까지도 많은 사람들이 사용하는 '아스피린'이에요.

아스피린뿐만 아니라 우리가 병이 났을 때 먹는 많은 약들은 대부분 화학 반응을 통해 만들어진 화합물이에요. 현대 사회에서 화학은 이렇게 사람을 살리는 데에도 큰 도움이 되고 있답니다.

★ **파피루스** 고대 이집트에서 파피루스 풀을 이용해 만든 종이
★ **부작용** 약의 본래 효과 외에 기대하지 않은 반응으로, 주로 나쁜 작용을 뜻함

약을 먹을 땐 물과 함께 먹는 것이 좋아요!

대부분의 약은 물과 함께 먹어야 우리 몸에 흡수가 잘돼요. 물이 아닌 음료와 마시면 그 음료에 들어 있는 성분이 약과 맞지 않을 수 있어요. 그러면 약의 효과가 떨어지거나 부작용이 생길 수 있지요. 약의 효과를 제대로 보려면 물과 함께 먹어야 좋다는 점, 잊지 마세요!

화학의 발전과 함께한 인류의 삶 • 47

한눈에 쏙!

화학의 발전과 함께한 인류의 삶

고대 철학자들의 고민

- 탈레스 : 세상 모든 물질의 기본은 물이라고 주장
- 엠페도클레스 : 세상 모든 물질은 물, 불, 흙, 공기로 이루어졌다고 주장
  ⋯▶ 4원소설
- 아리스토텔레스 : 4원소설을 발전시킴
  물질은 차갑고, 따뜻하고, 축축하고, 마른 4가지 성질을 이용하여 변한다고 주장

연금술이란?

- 금이 아닌 다양한 물질을 금으로 만들려는 연구
- 연금술사 : 연금술을 연구하던 사람들
- 고대와 중세에 큰 인기를 끌었으나, 과학이 빠르게 발전한 19세기에 와서 실패로 끝남

돌턴의 원자설

- 원자는 더 이상 쪼갤 수 없는 가장 작은 단위이다. ⋯ X
- 같은 종류의 원자는 크기와 질량이 같다. ⋯ X
- 원자는 다른 종류의 원자로 바뀌지 않는다. ⋯ X
- 두 종류 이상의 원자가 간단한 비율로 결합하여 새로운 물질을 만든다. ⋯ O
- 틀린 부분이 있었으나 많은 화학 반응을 설명해 냄

화학의 발전으로 달라진 우리의 삶

- 식량 : 식물을 잘 자라게 하는 화학 비료가 탄생하여 농작물을 생산하는 속도가 빨라짐
- 전쟁 : 20세기에 화학 무기가 만들어져 많은 사람이 목숨을 잃음
- 약 : 의약품이 발달하여 많은 사람들의 생명을 구하거나 병을 낫게 함
- 화학은 사람들의 사용 목적에 따라 우리에게 도움을 주기도, 피해를 주기도 함

최악의 화학 관련 사고

화학 물질은 좋은 목적으로 사용해도, 사람들이 실수하거나 잘못 사용하면 큰 피해를 입을 수 있어요. 때로는 화학 물질의 좋은 점만을 보고 나쁜 점에 대해서는 잘 몰랐기 때문에 생기는 문제도 있어요.

DDT

값싸고 효과가 좋아 꿈의 제초제*로 불리던 물질이에요. 그러나 DDT를 사용한 뒤 생태계에 심각한 변화가 생겼어요. 새가 DDT에 오염된 먹이를 먹은 뒤 알을 낳지 못하거나, 낳더라도 새끼가 태어나지 못해 멸종 위기에 몰렸지요.

그제야 사람들은 DDT의 해로움에 대해 알게 되었고, 이 물질이 든 제초제를 사용하지 못하게 금지시켰어요.

농작물에 DDT를 뿌리는 모습

체르노빌 원전 사고

1986년 우크라이나 체르노빌에 있던 원자력 발전소에서 일어난 사고예요. 안전 장치에 문제가 있는 기계를 다루던 중, 직원들이 안전 규칙을 지키지 않아 발생했지요. 이 사고로 수천 명이 죽고, 새어 나온 방사선을 쪼인 후유증*으로 아직까지도 수십만 명이 기형아를 낳거나 병에 걸려 고통받고 있어요.

폐쇄된 체르노빌 원자력 발전소 4호기

가습기 살균제*

얼마 전 우리나라에서 일어난 가습기 살균제 사건을 기억하나요? 문제가 된 가습기 살균제는 살균 효과는 인정받았지만, 사람이 들이마시면 어떤 해로움이 있는지에 대해서는 제대로 검증이 되지 않은 채 판매됐어요.

가습기 살균제 피해자들의 집회

그런데 이 물질이 사람의 폐에 들어가면 생명을 위협한다는 사실이 뒤늦게 밝혀졌지요. 때문에 이 살균제를 사용한 많은 사람들이 죽거나 평생 질병을 안고 살아가야 하는 끔찍한 결과를 가져왔답니다.

화학 물질은 요즘도 많은 사람들이 연구하고 만들어 사용하고 있어요. 화학 물질을 안전하게 사용하려면 철저한 검사를 통해 물질의 특성을 제대로 파악하고, 안전 수칙을 잘 지켜야 해요. 그래야 인류와 화학이 함께 발전할 수 있답니다.

★ **제초제** 잡초를 없애는 약
★ **후유증** 어떤 일을 당한 뒤에 생긴 나쁜 증상
★ **살균제** 세균 등을 죽이는 제품

물질을 변화시키는 산소

우리도 집 안을 한번 둘러볼까요? 어떤 변화가 보이나요? 혹시 벽에 걸어 둔 오래된 액자의 쇠 부분에 녹이 슬어 있지 않나요? 아니면 기대로의 말처럼 깎아 둔 사과를 먹지 않고 식탁에 두었더니 갈색으로 변해 있진 않던가요?

집 안에는 이렇게 시간이 지나면서 서서히 변하는 것들이 있어요. 왜 변하는지 살펴볼까요?

물질이 변하는 가장 큰 이유 – 산소

우리 눈에는 보이지 않지만, 공기에는 산소가 20퍼센트 정도 들어 있어요. 산소는 숨을 쉴 때 우리 몸속으로 들어오기도 하고, 벽이나 물건에 부딪히기도 하는 등 공기 중으로 자유롭게 다니지요.

산소 분자가 여러 물건의 분자와 계속 부딪히다 보면 분자들이 반응하여 새로운 분자를 만드는 화학 반응을 일으켜요. 눈에 금방 띄지 않는, 아주 느린 속도지만 말이에요.

철과 같은 금속 분자는 산소 분자와 만나 화학 반응을 일으키면 산화철이라는 새로운 분자를 만들어요.

눈에 보이진 않지만, 숨을 쉴 때마다 산소가 우리 몸으로 들어와!

이 산화철은 우리가 흔히 녹슨 못에서 볼 수 있는 불그스름한 색을 띠고 있지요.

산화철은 철만큼 단단하지 않아요. 그러므로 액자를 걸어 둔 못이 녹슬면, 녹슨 못은 빼고 새로운 못으로 바꿔야 해요. 물론 새로운 못도 오랜 시간이 지나면 산소와 반응해 푸석푸석한 산화철로 변하겠지만 말이에요.

사과도 마찬가지예요. 사과에 들어 있는 폴리페놀이라는 물질도 산소를 만나면 갈색 물질을 만들어 내요. 이처럼 물질이 산소와 만나 변하는 현상을 '산화 반응'이라고 해요.

과일의 갈변 현상을 막아라!

사과나 배, 바나나 등 과일을 깎아 놓았을 때 갈색으로 변하는 것을 갈변 현상이라고 해요.
이 현상을 막는 방법은 아주 간단해요. 바로 설탕물, 소금물 등 다른 물질을 발라서 공기 중에 떠다니는 산소가 과일에 닿지 않도록 하면 된답니다.

 부엌에서 살펴본 화학

녹이 스는 건 반응이 너무 느려서 느낌이 팍! 안 온다고요? 그럼 이번에는 집 안에서 쉽게 볼 수 있는 빠른 산화 반응을 찾아볼게요.

산화하는 불 - 가스레인지

집에서 산화 반응을 가장 쉽게 볼 수 있는 곳은 부엌이에요. 가스레인지에서 불이 활활 타오르는 '연소'가 가장 대표적인 산화 반응이거든요.

탈 연　불사를 소

연소는 어떤 물질이 산소와 만나 뜨거운 열과 빛을 내는 현상이에요. 음식을 만들기 위해 가스레인지를 켜면 호스를 통해 들어온 가스 연료가 공기 중에 있는 산소와 만나요. 바로 그 순간에 불꽃이 튀어 뜨거운 열을 공급하면 아주 빠른 속도로 불이 붙는답니다.

탄 음식에 발암 물질이 있다고?

달궈진 불판에 고기를 굽는 장면을 상상해 봐요. 냄새가 정말 좋지요? 고기는 잠깐 한눈팔면 금세 타 버려요. 그럴 때는 먹어야 하나 말아야 하나 고민이 되지요.

고기를 높은 온도에서 조리할 때, 그리고 음식이 불에 탈 때는 나쁜 성분이 많이 생겨요. 이러한 성분을 많이 먹으면 심할 경우 암에 걸릴 수 있어요. 그러니 되도록이면 먹지 않는 게 좋겠지요.

하지만 아주 조금 먹는 정도로는 큰 문제가 생기지 않으니, 너무 걱정하지 말고 탄 부분만 잘라 내고 먹자고요!

환경 호르몬을 조심해!

부엌에는 많은 화학제품이 있어요. 플라스틱으로 된 주방 용기나 음식을 보관할 때 사용하는 랩에는 다양한 화학 성분이 들어 있지요.

이런 화학제품 중에는 환경 호르몬이 나오는 제품이 종종 있어요. 특히 간편하게 먹는 컵라면 용기에는 뜨거운 물을 담았을 때 환경 호르몬이 많이 나와요. 따라서 이런 일회용 제품을 피하고 친환경 제품을 사용하는 것이 우리 몸과 환경을 위하는 길이랍니다.

★ **발암 물질** 암에 걸리게 하는 물질
★ **환경 호르몬** 몸속에 들어와 호르몬의 작용을 방해하는 물질

때가 쏙 빠지는 세제의 비밀

이번엔 욕실로 눈을 돌려 볼까요? 욕실에는 더러운 것을 깨끗하게 해 주는 화학제품이 많이 있어요. 머리를 감을 때 사용하는 샴푸, 욕실을 청소하는 세제와 같은 것들 말이에요.

때가 타거나 더러운 것이 묻은 부분을 깨끗하게 지우는 화학제품에는 한 가지 공통된 성질이 있어요. 이 성질을 알기 위해서는 먼저 분자 구조를 알아야 해요.

성질이 다른 비누 분자의 머리와 꼬리

비누나 세제의 분자 구조는 크게 두 부분으로 나뉘어 있어요. 여기서는 이해하기 쉽게 앞부분을 머리, 뒷부분을 꼬리라고 부를게요.

세제 분자의 머리는 물과 친한 친수성이고, 꼬리는 기름에 잘 달라붙는 친유성이에요. 이 성질은 때를 빼는 데 굉장히 중요한 역할을 해요.

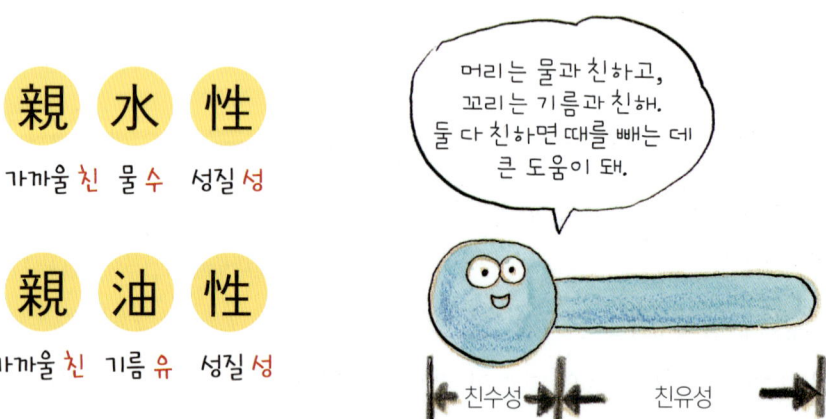

親 水 性
가까울 친 물 수 성질 성

親 油 性
가까울 친 기름 유 성질 성

머리는 물과 친하고, 꼬리는 기름과 친해. 둘 다 친하면 때를 빼는 데 큰 도움이 돼.

친수성 ← → 친유성

더러운 부분을 깨끗하게 뽕!

보통 때에는 기름기가 있어요. 기름은 물과 잘 섞이지 않는 성질을 가지고 있지요. 그래서 빨래할 때 물로만 빨면 때를 지우기 힘들어요. 하지만 세제를 넣으면 때가 쏙 빠진답니다. 어떤 원리일까요?

아까 앞에서 세제 분자의 머리는 물과 친하고, 꼬리는 기름과 친하다고 했어요. 이 성질 때문에 머리는 물에 잘 녹지만, 기름과 친한 꼬리는 옷감에 있는 때에 딱 달라붙지요. 이때 옷감을 쏙쏙 비비면 때가 쏙 떨어져 나와요.

세제가 옷에 스며 들어 때에 붙어요.

세제를 머금은 때가 녹아 떨어지기 좋은 상태가 돼요.

옷을 비비면 때가 떨어져 나가 옷이 깨끗해져요.

이처럼 물과 기름을 섞이게 하여 때를 빼는 물질을 '계면활성제'라고 해요. 계면활성제는 비누, 치약, 샴푸, 세안제 등 다양한 생활용품에 들어 있어요.

계면활성제는 많이 사용하면 피부에 안 좋은 영향을 줄 수 있어요. 따라서 항상 적당한 양을 필요한 곳에만 사용하도록 해요.

옷장 속 벌레와 물기를 없애라!

이번엔 방으로 들어가 옷장을 한번 살펴볼까요? 옷장에는 계절과 맞지 않아 오랫동안 보관 중인 옷이 있어요. 옷을 긴 시간 동안 보관할 때는 늘 옷감이 상하지 않도록 주의해야 해요. 이럴 때 우리는 여러 가지 화학제품의 힘을 빌리지요.

해로운 벌레를 물리치는 나프탈렌

옷장 속에 오래 둔 옷은 해충에게 아주 좋은 먹잇감이에요. 해충이 뭐냐고요? 사람에게 해로운 모든 벌레를 해충이라고 해요.

해충을 없앨 때 가장 많이 사용하는 화학 물질은 바로 나프탈렌이에요. 옷장 속에 나프탈렌을 놓아두면 해충을 막는 효과가 있어요.

고체 모양의 나프탈렌은 실온에서 기체로 변해요. 그래서 옷장 한쪽에 놓아두기만 해도 구석구석 성분이 퍼지지요.

하지만 나프탈렌 성분이 우리 몸에 계

속해서 많이 들어오면 피부나 눈에 자극을 줄 수도 있어요. 심하면 토할 수도 있으니 한꺼번에 너무 많은 양을 사용하지는 말아야 해요.

습기를 싹 잡아들이는 염화칼슘

옷장에 많이 사용하는 또 다른 화학제품으로는 습기 제거제가 있어요. 습기 제거제는 공기 중에 있는 수분을 빨아들이는 제품이에요.

옷장처럼 닫힌 곳에 물기가 많으면 곰팡이나 해충이 살기 좋은 환경이 돼요. 그래서 사람들은 옷장에 습기 제거제를 넣고 옷 상태를 쾌적하게 해 주지요.

이러한 습기 제거제에 사용하는 성분은 '염화칼슘'이에요. 염화칼슘은 물에 녹는 성질이 강해서 주변에 있는 물기를 잘 빨아들여요. 습기 제거제로 정말 잘 어울리는 물질이지요?

> 습기 제거제에 물이 가득 차면 새 제품으로 바꿔 줘야 해.

제설 작업에 이용하는 염화칼슘

염화칼슘은 눈이 많이 올 때도 사용해요. 눈 위에 염화칼슘을 뿌리면, 물기를 빨아들여 화학 반응을 일으켜요. 이때 열을 내놓게 되는데, 이 열로 주변 눈을 녹여 길이 얼거나 미끄럽지 않도록 도움을 준답니다.

빙판길에 염화칼슘을 뿌리는 모습

한눈에 쏙!

집에서 발견하는 화학

물질을 변화시키는 산소

- 공기에는 산소가 약 20퍼센트 있음
- 우리 주변에 있는 물건들은 산소와 만나 천천히 화학 반응을 일으킴
  ⋯ 산화
- 예) 녹슨 못, 과일의 갈변 현상 등

부엌 속 화학

- 연소 : 어떤 물질이 산소와 만나 뜨거운 열과 빛을 내는 현상
- 부엌에서 볼 수 있는 대표적인 연소 : 가스레인지의 불
- 주의점
  - 음식을 조리할 때 센 불에 너무 태우면 발암 물질이 생길 수 있음
  - 플라스틱이나 비닐 등의 화학제품에 뜨거운 열이 닿으면 환경 호르몬이 나옴

욕실 속 화학

- 비누, 샴푸, 세제 등의 물질에는 계면활성제가 들어 있음
- 계면활성제 : 물과 기름을 섞이게 하여 때를 빼는 물질

옷장 속 화학

- 사방이 막힌 옷장은 습기 차고, 벌레가 생기기 쉬움
- 옷감을 상하게 하는 벌레를 없애기 위해 나프탈렌 사용
- 옷장 안에 곰팡이가 생기는 것을 막기 위해 습기 제거제 사용
- 습기를 제거하는 염화칼슘은 빙판길 미끄럼 방지용으로도 사용

한 걸음 더!

새집에 나타나는 새집 증후군

요즘 왜 이렇게 눈이 따갑나 했더니 새집 증후군 때문이래요. 근데 새집 증후군이 뭐예요?

설레는 마음으로 이사한 새집. 새로 지은 집이라면 더욱 좋겠지요? 그런데 새집에서 지내다 보면 몸이 가렵고, 눈이 따가울 수 있어요. 심지어 목이 칼칼하고 기침도 나고요. 왜 아픈 걸까요?

집을 지을 때 벽지를 바르거나 페인트를 칠해 집 안을 꾸미지요. 이때 사용하는 접착제나 페인트에는 폼알데하이드라는 화학 물질이 들어 있어요. 폼알데하이드가 들어 있는 접착제는 벽지를 바를 때뿐만 아니라 가구를 만들 때 사용되기도 하고, 물건이 썩지 않게 도와주는 방부제 역할을 하기도 해요.

공사 후에 실내 공기를 충분히 환기시키지 않으면 폼알데하이드 성분이 우리 몸속으로 들어와 눈, 코, 목을 따갑게 해요. 또 피부를 건조하게 해서 가렵게 만들기도 한답니다. 아이들은 어른보다 면역력*이 약하기 때문에 더 쉽게 새집 증후군에 시달릴 수 있지요.

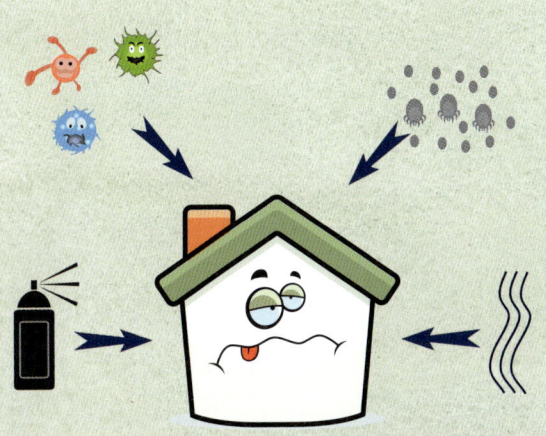

이런 새집 증후군으로부터 우리 몸을 보호하기 위해서는 집 안에 맑은 공기가 통하도록 충분히 환기시켜야 해요. 화학제품을 많이 사용하지 않은 친환경 재료로 만든 가구나 침구를 사용하는 것도 한 방법이 되지요. 집 안에 공기를 깨끗하게 하는 공기 정화 식물이나 숯을 놓아두어 해로운 물질들을 빨아들이도록 하는 것도 새집 증후군을 피하는 데 도움이 돼요.

공기를 깨끗하게 해 줄게!

★ **면역력** 병을 일으키는 균에 맞서는 힘

4화
먹지 마, 위험해!

인체 몸에 스며드는 화학제품

- 내 몸에 사용하는 화학제품은 안전할까?
- 무슨 색이 제일 맛있어? – 식용 색소
- 제품 속 유해 물질을 막아라!
- 놀이터에서 묻어 온 유해 물질
- 온몸에 바르는 화장품
- 균만 죽이는 게 아닌 항균제

한눈에 쏙 – 몸에 스며드는 화학제품

한 걸음 더 – 해로운 화학 물질은 어떻게 관리할까?

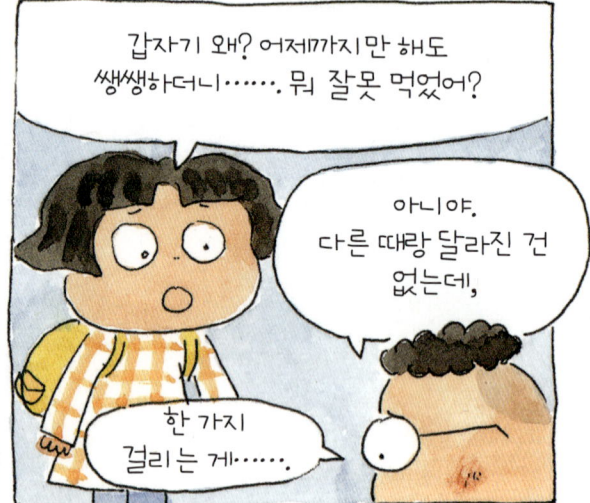

내 몸에 사용하는 화학제품은 안전할까?

이 제품은 안전할까? 제품에 표시된 성분들을 인터넷으로 검색해 봐야겠어.

요즘 광고를 보면 '내 아이를 생각한 ○○', '안심할 수 있는 △△' 이런 표현을 쓴 광고를 쉽게 볼 수 있어요. 예전에는 물건을 살 때 사용하기 편리한지, 디자인이 예쁜지, 효과가 좋은지 등을 더 중요하게 생각했어요. 하지만 최근에는 우리 몸에 나쁜 성분이 없는지, 사용하기에 안전한지 등을 더 중요하게 생각하지요.

실제로 많은 사람이 별 의심 없이 사용하던 생활용품에서 많은 양의 발암 물질이나 유해한 성분이 나왔다는 뉴스가 종종 나와요. 따라서 이런 일로 피해를 입지 않도록 항상 주의해야 해요.

우리 몸에 사용하는 여러 화학제품을 살펴보고, 어떻게 하면 우리의 몸을 건강하게 지킬 수 있는지 알아볼까요?

무슨 색이 제일 맛있어? – 식용 색소

슈퍼에 가면 알록달록한 사탕과 음료가 가득해요. 노란색 사탕, 초록색 과자, 빨간색 음료, 파란색 젤리……. 이렇게 간식거리를 예쁜 색으로 꾸미는 화학 물질을 '식용 색소'라고 해요.

식용 색소는 소시지나 햄, 과자나 사탕 등 아주 많은 곳에 들어 있어요. 그만큼 우리 입으로 많이 들어오지요.

식용 색소는 먹어도 되는 거니까 안전하지 않느냐고요? 음식에 든 색소는 적은 양이라 큰 문제가 없을 거라고 생각하기 쉬워요. 하지만 색소를 먹는 것이 몸에 해롭다는 연구 결과가 속속 밝혀지고 있답니다.

식용 색소로 많이 사용되는 것은 '타르 색소'예요. 원래 옷감을 염색하기 위한 색소였지요. 이 색소는 호흡기와 피부에 나쁜 영향을 줘요. 또한 집중력을 떨어뜨리기 때문에 한창 자라나는 아이들에게 더 나쁘지요.

그러므로 음식을 먹을 때는 제품 포장지에 표시된 성분을 꼼꼼히 확인하고 색소가 들어간 것은 되도록 먹지 않도록 해요.

제품 속 유해 물질을 막아라!

몇 년 전, 환경부에서 여러 어린이용품의 성분을 조사했는데, 몇몇 제품에서 기준치를 훨씬 넘는 유해 물질이 발견되었어요.

우리나라에서는 장난감이나 학용품 등 어린이들이 손으로 만지고 입에 넣는 어린이용품에 유해 물질이 많이 들어가지 않도록 법으로 안전기준을 정해 놓았어요. 그런데 일부 제품에서 기준치보다 몇백 배나 많은 유해 물질이 나와 큰 문제가 된 거지요. 대표적인 유해 물질로는 프탈레이트 가소제가 있어요.

우리 몸을 해치는 유해 물질

프탈레이트 가소제라는 물질은 플라스틱 제품을 부드럽게 하는 데 사용하는 화학 물질이에요. 장난감뿐만 아니라 물놀이에 사용하는 튜브, 칫솔, 주방용품, 식기 등 다양한 곳에 사용되지요.

어떤 화학 물질이든, 많은 양을 오랫동안 사용하면 그만큼 몸속에 더 많이 들어오기 마련이에요. 따라서 프탈레이트 가소제와 같은 유해 물질도 몸에 계속 쌓이면 여러 문제가 생겨요. 아이들이 자라는 데 질병을 일으키기도 하고, 나중에 어른이 되어 임신과 관련된 기능에 안 좋은 영향을 줄 수도 있지요.

이러한 이유로 많은 나라에서 프탈레이트 가소제를 어린이용품에 넣지 못하게 법으로 막고 있어요. 우리나라도 2007년부터 이 물질을 금지하고 있지요. 마음이 조금 놓이지요?

더욱 마음 놓고 물건을 사용하려면 소비자, 즉 우리 모두 꼭 지켜야 할 게 있어요. 물건을 살 때는 회사명이나 원산지가 표시되어 있는지, 품질 인증은 받았는지 등을 꼼꼼히 살펴보는 거예요. 또한 물건을 사용할 때 색이 잘 벗겨지지는 않는지 살피고, 피부에 닿는 제품은 자주 빨거나 햇빛에 소독해요.

TIP

KC인증

KC인증은 제품의 안전, 보건, 환경, 품질 등에서 문제가 없는지 확인하는 국가 강제 인증 제도예요. '강제'라는 단어에서 알 수 있듯이, 제품을 철저히 검사하고 '무조건' 인증을 받아야 한다는 것이지요. 현재 KC인증을 받아야 하는 품목은 전기 제품, 생활용품, 어린이용품 등이 있어요.

놀이터에서 묻어 온 유해 물질

여러분이 자주 놀러 가는 놀이터! 그곳에서 미끄럼틀, 그네, 시소 등을 신나게 타지요? 하지만 놀이기구를 열심히 타고 나면 몸에 온통 유해 물질이 묻어 있을지도 몰라요.

알록달록한 놀이터의 함정

놀이터에 있는 여러 놀이기구는 알록달록 예쁜 색으로 칠해져 있어요. 여기에도 화학 물질이 숨어 있답니다.

물체에 바르면 굳어서 고운 빛깔을 내는 페인트에는 납, 카드뮴, 수은과 같은 중금속*이 들어 있어요. 따라서 아무리 굳어 있는 페인트라도 손으로 계속해서 만지면, 우리 몸에 들어올 수 있지요. 나무로 된 놀이기구도 주의해야 해요. 나무가 썩는 것을 막기 위해 방부제를 발라 놓기도 하거든요. 이때 사용하는 방부제에도 여러 중금속이 들어 있어요.

이러한 중금속에 오랫동안 영향을 받으면, 피부에 염증이나 암이 생길 수도 있으니 주의해야 해요.

★ **중금속** 무거운 금속 물질로, 몸속에 들어오면 몸 밖으로 나가지 않아 나쁜 영향을 끼침

폭신폭신한 바닥의 함정

놀이터나 공원에 가면 바닥이 폭신폭신한 경우를 볼 수 있어요. 우레탄 고무를 사용한 이 바닥은 충격을 흡수하는 성질이 있기 때문에 넘어져도 크게 다치지 않아요. 흙먼지를 마실 일도 없고, 모래가 신발에 들어가지도 않아 더욱 좋지요.

그러나 이러한 바닥의 문제는 주로 폐타이어를 이용해 만든다는 점이에요. 폐타이어는 햇빛을 오래 받으면 암을 생기게 하는 물질이 나와 우리에게 나쁜 영향을 줄 수 있어요.

안심하고 사용할 수 있는 놀이터

최근 놀이터에 사용된 화학 물질에서 나쁜 물질이 나온다는 연구 결과가 늘어나자, 나라에서 본격적으로 나서기 시작했어요. 아이들이 안심하고 놀 수 있도록 놀이터의 여러 시설을 친환경 소재로 바꾸는 움직임이 늘고 있지요. 앞으로 모든 놀이터에 안전한 재료가 사용되어 아무 걱정 없이 뛰어놀 수 있는 날이 오길 바라요!

온몸에 바르는 화장품

    외출하고 집에 돌아오면 항상 몸을 깨끗이 씻어야 해요. 손발에 세균이나 흙먼지, 각종 화학 물질 등이 묻었을지도 모르니까요.
    다 씻고 물기를 닦은 뒤에는 무엇을 하나요? 몸과 얼굴이 건조하지 않게 로션과 크림을 바르지요. 이때 사용하는 화장품에도 화학 물질이 들어 있답니다.

로션을 왜 바르는 걸까?

    3화에서 설명한 계면활성제에는 피부에 있는 기름을 빼앗는 성질이 있어요. 따라서 비누 같은 세안제로 몸을 씻고 나면, 기름기가 제거되어 몸이 쉽게 건조해져요. 이때 우리는 몸에 수분을 지니고 있도록 하기 위해 스킨, 로션, 크림 등의 화장품을 사용해요. 화장품을 바르면 피부가 촉촉하게 유지되고, 피부가 빨리 늙는 것도 막을 수 있어요.

화장품에 들어 있는 나쁜 물질

화장품 병에 쓰여 있는 성분 표시를 보면 아주 작은 글씨로 길고 어려운 화학 성분의 이름이 나열되어 있어요.

모든 성분이 몸에 나쁜 것은 아니에요. 하지만 보습*을 위해 사용하는 프로필렌글리콜, 방부제 역할을 하는 프로필파라벤, 피부가 타는 것을 막기 위해 바르는 자외선 차단제 속 성분 부틸메톡시디벤조일메탄 등의 성분은 많이 사용하면 피부에 자극을 주거나 신경계에 영향을 줄 수도 있으니 주의해야 해요.

어떤 화장품을 골라야 할까?

화장품 속 화학 물질이 문제가 되면서 요즘에는 천연 재료로 만든 화장품도 많이 나오고 있어요. 특히 몇몇 화장품 회사들은 자신의 제품에 해로운 물질이 없다는 점을 강조하여 홍보하기도 해요.

화장품 성분을 꼼꼼히 확인하지 않으면 오히려 피부에 독이 될 수도 있어요. 그러므로 화장품을 고를 때는 나쁜 성분이 없는지 살펴보는 똑똑한 습관을 들이도록 해요.

★ 보습 피부에 습기를 오랫동안 남게 하여 가려움이나 건조함 등을 줄이는 것

균만 죽이는 게 아닌 항균제

미국 식품의약국(FDA)은 지난 2016년 9월에 항균성* 비누를 팔지 못하게 금지시켰어요. 신종플루, 조류독감, 메르스 등 전염병이 돌 때마다 불티나게 팔리는 손 세정제 말이에요.

균을 죽이기 위해 쓰는 이런 제품이 오히려 몸에 해로울 수 있다는데, 도대체 무슨 이야기일까요?

오히려 사람 몸에 해로운 비누?

비누나 손 세정제처럼, 시장에서 쉽게 구할 수 있는 세정제 중 약 40퍼센트의 제품에는 항균제 성분이 들어 있어요.

그런데 이런 성분들은 동물 실험을 한 결과, 몸속 기능에 나쁜 영향을 주는 것으로 나타났어요. 전문가들은 이런 해로움이 사람에게도 나타날 것으로 생각했지요.

또한 많은 전문가가 손 세정제를 사용해서 얻는 효능보다 제품 속 해로운 화학 물질 때문에 받는 나쁜 영향이 더 클 것이라는 데에 뜻을 모으고 있답니다.

★ **항균성** 세균을 죽이거나 늘어나는 것을 막는 성질

손 소독제는 안전할까?

 소독제로 많이 쓰이는 성분 중에 '에탄올'이라는 물질이 있어요. 이 물질은 알코올의 한 종류예요. 알코올이 뭐냐고요? 여러분이 병원에서 팔이나 엉덩이에 주사를 맞을 때 소독을 위해 바르는 시원한 액체, 그게 바로 알코올이에요.

 몇몇 사람들은 손 소독제에 에탄올이 많이 들어 있어야 소독이 잘될 것이라고 생각해요. 하지만 이것은 잘못된 생각이에요.

 오히려 에탄올이 가득 들어 있는 소독제가 피부에 자주 닿으면 손이 거칠어지고 건조해져요.

 아이들의 경우, 피부가 약하고 민감하기 때문에 피부가 상할 수 있어요. 그러므로 소독제를 사용하는 대신 손을 자주 씻는 것이 좋답니다.

한눈에 쏙!

몸에 스며드는 화학제품

상품 선택의 기준
- 옛날에는 물건을 살 때 편리성, 디자인, 효과 등을 따짐
- 최근 몸에 해로운 물질이 들어 있는 화학제품이 사회적으로 문제가 됨
  ⋯▶ 상품 선택의 기준이 변함

식용 색소
- 음식에 색깔을 내기 위해 넣는 화학 물질
- 많이 먹으면 몸에 나쁘고, 특히 성장 중인 어린이들에게 위험함
- 제품 포장지에 표시된 성분을 꼼꼼히 확인하고 색소가 들어간 음식은 되도록 피할 것

프탈레이트 가소제
- 플라스틱 제품을 부드럽게 하는 화학 물질
- 어린이 장난감, 튜브, 칫솔, 주방용품, 식기 등에 들어 있음
- 몸에 나쁜 물질이라 여러 나라에서 사용을 금지하고 있음
- 물건을 구입할 때 원산지, 성분 등을 살피고 품질 인증을 받았는지 확인할 것

야외 활동을 할 때
- 놀이터나 공원에 있는 기구 중에는 몸에 나쁜 물질이 들어 있음
- 페인트 : 몸에 들어오면 해로운 납, 카드뮴, 수은 같은 중금속이 들어 있으므로, 페인트가 칠해진 곳은 되도록 만지지 말 것
- 우레탄 : 폭신폭신한 바닥에 주로 들어 있는 물질로, 몸에 나쁜 물질이 들어 있으므로 되도록 피할 것
- 친환경 소재로 만든 놀이 시설을 이용할 것

화장품
- 건조함을 막고, 촉촉함을 유지하기 위해 바르는 로션, 크림 등의 물질
- 화장품을 고를 때, 나쁜 성분이 없는지 살필 것
- 천연 재료로 만든 제품을 고를 것

세정제와 소독제
- 항균성 : 세균을 죽이거나 세균이 늘어나는 것을 막는 성질
- 항균성이 있는 세정제와 소독제 같은 제품에는 몸에 나쁜 물질이 있음
- 에탄올이 가득 들어 있는 소독제는 피부를 상하게 함
- 소독제를 사용하는 것보다 손을 자주 씻는 것이 좋음

한 걸음 더!

해로운 화학 물질은 어떻게 관리할까?

화학제품을 알면 알수록 먹고 마시고 노는 것, 이 모든 것이 걱정된다고요? 그럴 수도 있어요. 우리도 모르는 사이에 우리 주변은 수많은 화학제품들로 가득 채워졌거든요. 그래서 나라에서는 늘어나는 화학제품과 몸에 해로운 화학 물질을 관리하기 위해 여러 가지 법과 관리 지침을 만들었어요. 또한 피해를 미리 방지하고 줄이기 위해 세계 여러 나라와 협력하기도 해요.

화학 물질 관련 법

우리나라에서 사용되는 화학 물질들은 '화학 물질 등록 및 평가 등에 관한 법률'과 '화학 물질 관리법'에 따라 관리되고 있어요. 이 법에 따라 화학 물질의 유해성 관리, 유해 화학 물질의 안전 관리, 화학 물질의 사용량과 내보내는 양 등을 검사하지요.

더러운 물을 정화시키는 폐수 처리장

화학 물질 관련 정보 시스템

여러분이 직접 다양한 정보를 찾아보고 미리 피해를 줄이기 위한 노력을 기울여 봐요.

1. 화학 물질 정보 처리 시스템 kreach.me.go.kr

화학 물질 정보 검색 서비스로 유해 화학 물질 관리법 등 관련 법에 관한 정보를 한눈에 볼 수 있어요.

2. 케미스토리 eco-playground.kr/chemistory/528

어린이 주변 환경에 대한 건강 정보뿐 아니라 아토피, 천식 등 화학과 관련된 질병 정보도 얻을 수 있어요.

3. 독성 정보 제공 시스템 nifds.go.kr/toxinfo/

식품, 의약품, 화장품 등에 들어 있는 화학 물질의 정보를 알 수 있어요.

하늘을 수놓는 아름다운 화학 – 불꽃놀이

 펑! 펑! 큰 소리를 내며 까만 밤하늘을 예쁘게 수놓는 불꽃놀이를 본 적 있나요? 어떤 폭죽은 꽃이나 별 모양을 만들고, 또 어떤 것은 폭포수처럼 쏟아져 내리기도 하지요. 알록달록 색깔도 다양해요. 불꽃놀이에 사용하는 폭죽은 어떻게 이렇게 다양한 색깔을 낼까요?

금속의 불꽃 반응과 불꽃색

 폭죽이 다양한 빛을 내는 원인은 그 속에 들어 있는 금속 가루 때문이에요. 금속 물질을 겉불꽃에 넣었을 때 각 금속마다 특정한 불꽃색을 띠거든요. 이 현상을 '불꽃 반응'이라고 해요.

 금속 원자가 불꽃에 닿으면, 열을 받아 에너지가 높아지면서 불안정한 상태가 돼요. 불안정해진 원자는 빛을 내뿜으며 에너지가 낮아지고, 다시 안정한 원래의 상태로 돌아오지요.

| 불꽃에 닿아 열을 받은 금속 원자 | 에너지가 높아지며 불안정한 상태가 됨 | 빛을 내며 에너지 사용 | 반응이 끝나면 원래 상태로 돌아옴 |

금속 가루를 겉불꽃에 넣었을 때, 에너지를 모았다가 내뿜는 정도는 금속에 따라 달라요. 금속마다 서로 다른 양의 에너지가 빛을 내면서 빠져 나오는 것이기 때문에 빛도 각각 다른 색을 나타내요. 이 특정한 색깔을 '불꽃색'이라고 한답니다.

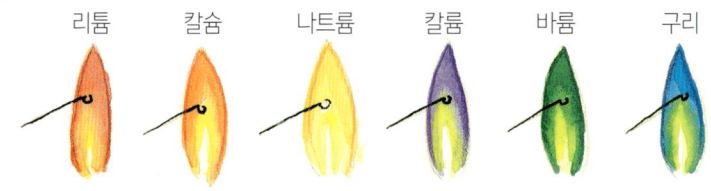

불꽃색은 두 가지 금속을 섞어서 만들기도 해요. 예를 들어, 빨간 금속과 파란 금속을 폭죽에 함께 섞어 넣어 하늘로 쏘아 올리면 보라색 불꽃을 볼 수 있지요.

아주 옛날, 금속의 종류가 많이 발견되기 전까지는 불꽃놀이도 몇 가지 색으로밖에 할 수 없었대요. 하지만 18세기에 들어 금속의 종류가 많이 발견되자 지금처럼 다양한 색으로 더 아름다운 불꽃놀이를 즐길 수 있게 되었답니다.

다양한 색깔이 가득한 세상 - 합성물감

그림, 패션, 화장에 이르기까지 '색깔'은 매우 중요한 요소예요. 아침에 입을 옷을 고를 때도 색깔을 빼놓고는 생각할 수가 없지요.

요즘은 여러 색깔의 물감(염료)이 있어 다양한 색깔의 물품을 만들 수 있어요. 하지만 과거에는 물감이 매우 귀했기 때문에 쉽게 구할 수 없었어요. 그래서 얻기 쉬운 검은색, 회색과 같은 색을 주로 사용했지요. 아주 먼 옛날에는 물감을 어떻게 구했을까요?

자연에서 얻는 색깔

과거에는 물감의 재료를 주로 자연에서 구했어요. 곤충이나 식물을 이용하면 몇 가지 색의 천연물감을 만들 수 있었지요. 하지만 옷감 하나를 염색할 만한 양을 얻으려면 어마어마한 노력이 필요했어요.

빨간색 물감의 재료인 코치닐을 예로 들어 볼까요?

옛날에는 1킬로그램의 코치닐을 얻으려면 10만 마리의 연지벌레가 필요했대요. 그러니까 아주 옛날에는 왕족이나 귀족처럼 신분이 높은 사람들만 빨간색으로 물들인 옷을 입었을 거예요.

> 코치닐 색소는 요즘에도 사용해. 딸기우유나 햄 같은 음식물에 들어 있지.

다양한 색깔의 합성물감 탄생

세계 염료 산업에 크게 기여한 사람에게 퍼킨의 이름을 딴 '퍼킨상'을 준다.

그러던 어느 날 세계를 뒤흔들 만한 일이 있어났어요. 바로 합성물감을 개발한 거예요. 지금이야 물감 하나 만든 것이 무슨 큰일이었을까 싶겠지만 주로 회색이나 검정색만 사용하던 세상을 알록달록 무지개 색으로, 그것도 값싸고 손쉽게 가득 채울 수 있게 된 것은 매우 놀라운 일이었어요.

합성물감은 윌리엄 퍼킨이라는 영국의 화학자가 아주 우연한 기회에 발견했답니다. 퍼킨은 약을 연구하던 중 '콜타르'라는 물질의 한 성분이 천연물감과 비슷하다는 것을 알아냈어요. 그는 이 성분을 활용하여 옷감에 예쁜 색을 물들이는 방법을 개발했지요.

퍼킨이 콜타르를 이용해 합성물감을 만들자, 사람들은 열광했어요.

그 후로 많은 사람이 다양한 색깔의 합성물감을 개발했지요. 이 덕분에 우리가 현재 수천 가지의 아름다운 색을 사용할 수 있게 된 것이랍니다.

아름다움을 만드는 화학 • 99

자연이 만든 그림 – 단풍

가을이 오면 제일 먼저 우리의 눈길을 사로잡는 것이 있어요. 바로 알록달록 물든 단풍이에요. 노랗게, 빨갛게 단풍으로 물든 산은 파란 가을 하늘과 함께 한 폭의 그림처럼 아름다운 경치를 우리에게 선물하지요. 이러한 나뭇잎의 변화도 화학 반응 때문이에요.

나뭇잎의 색소 변화

나뭇잎에는 엽록소와 크산토필, 카로틴 등 여러 가지 색소가 들어 있어요. 엽록소는 초록색, 크산토필은 갈색, 카로틴은 노란색을 띠지요. 평소에 나뭇잎이 초록색을 띠는 이유는 엽록소가 가장 많이 들어 있기 때문이랍니다.

하지만 나뭇잎은 여름이 지나 가을이 되면서 색이 변해요. 엽록소는 낮은 온도에 약하기 때문에 기온이 낮아지면서 점점 파괴돼요. 이때 엽록소가 줄어들면서 그동안 가려져 있던 갈색의 크산토필이나 노란색의 카로틴이 눈에 보이기 시작하지요. 이것이 단풍이 생기는 이유랍니다.

기온이 높을 때   기온이 낮을 때

   →

엽록소
(엽록소가 많아 초록색으로 보인다.)

안토시아닌 색소   카로틴 색소   크산토필 색소
(엽록소가 파괴되어 다른 색소가 잘 보인다.)

붉은 단풍의 비밀 - 안토시아닌

새빨간 단풍잎은 붉은색을 띠는 색소 '안토시아닌' 때문에 생겨요.

안토시아닌은 평소에는 거의 없지만 기온이 낮아지면 많이 생기거든요.

이 색소의 원료는 포도당이에요. 포도당은 식물이 햇빛을 받아 광합성을 할 때 만들어져요. 잎에 저장된 포도당은 여러 화학 반응을 거쳐 안토시아닌 색소를 만든답니다.

# 머리카락의 예술 – 염색과 파마

사람들은 미용실에 가서 머리카락에 색을 입히거나 곱슬곱슬한 파마를 해요. 염색이나 파마를 하려면 머리카락에 다양한 액체를 바르는데, 이 역시 화학 물질을 이용한 일이지요.

과연 머리카락에 어떤 화학 반응이 일어난 걸까요?

큐티클 속으로 염료를 쏙 넣으면 염색

머리카락은 둥글고 매끈해 보이지만, 실제로는 울퉁불퉁해요. 머리카락의 겉면은 생선 비늘 같은 껍데기로 되어 있는데, 이를 큐티클이라고 하지요.

머리카락에 색을 잘 입히려면, 먼저 큐티클 속에 염색약이 잘 들어가도록 만들어야 해요. 이때 사용하는 약품은 암모니아로, 큐티클 사이사이를 벌어지게 하지요.

머리카락을 현미경으로 확대한 모습

암모니아를 바르면 큐티클이 벌어진다.

두 번째 단계는 탈색으로, 원래의 머리카락 색을 없애는 과정이에요. 이때 사용하는 약품은 과산화수소로, 산화 작용을 일으켜 머리카락 속에 있는 멜라닌 색소를 파괴해요.

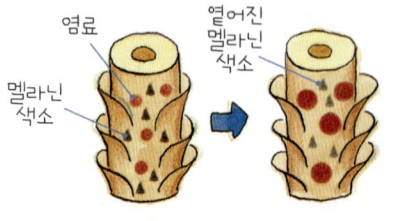
과산화수소를 사용해 멜라닌 색소를 파괴한다.

이 두 과정을 마친 머리카락에 원하는 색의 염료를 바르면, 파괴된 멜라닌 색소 자리에 염료가 쏙 들어가 머리카락 색이 변하는 거예요.

케라틴의 연결 모양을 싹 바꾸면 파마

머리카락의 큐티클 안쪽은 '케라틴'이라는 단백질로 이루어져 있어요. 이 물질은 화학 결합을 통해 일정한 모양을 유지하고 있지요. 따라서 머리카락의 모양을 바꾸려면 제일 먼저 이 화학 결합부터 깨야 해요. 이때 사용하는 것이 바로 **환원제**예요.

두 번째 단계는 화학 결합이 끊어진 머리카락을 둥근 모양의 롤러 등을 이용하여 원하는 모양으로 오랜 시간 놔두는 과정이에요.

세 번째 단계에서는 원하는 모양으로 고정하기 위해 **산화제**를 뿌려 다시 화학 결합을 시킨답니다.

T!P 염색과 파마는 머리카락을 상하게 해요!

염색과 파마를 하면 우리의 모습이 더 멋있고 예뻐 보이는 듯해요. 하지만 이때 사용하는 화학 물질은 매우 독하기 때문에 머리카락이 갈라지거나 뚝뚝 끊어지는 등 많이 약해져요. 따라서 건강한 머릿결을 위해서는 되도록이면 염색과 파마를 안 하는 게 좋답니다.

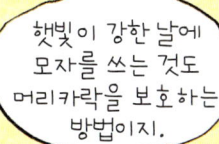

건강한 머리카락

손상된 머리카락

건강한 머리카락은 자외선이나 나쁜 물질로부터 잘 견디지만, 손상된 머리카락은 보호가 어려워 쉽게 약해진다.

한눈에 쏙!

아름다움을 만드는 화학

불꽃놀이

- 금속 가루의 불꽃 반응을 이용한 폭죽
- 불꽃 반응 : 금속 물질을 겉불꽃에 넣었을 때 특정 색을 띠는 현상
- 금속의 불꽃색

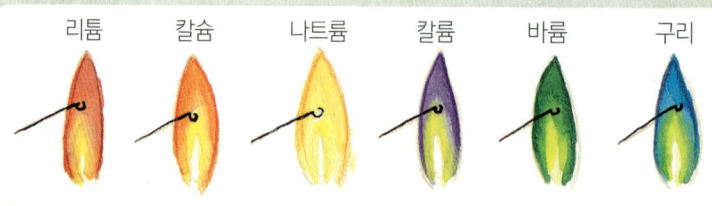

리튬 / 칼슘 / 나트륨 / 칼륨 / 바륨 / 구리

합성물감

- 천연물감 : 과거에는 물감의 재료를 주로 자연에서 구함
- 합성물감 : 천연물감과 비슷한 성분의 콜타르를 이용한 물감
- 영국의 화학자 퍼킨이 의약품을 연구하던 중 합성물감 발견

나뭇잎의 색소 변화
- 나뭇잎에는 여러 가지 색소가 들어 있음
- 엽록소는 초록색, 크산토필은 갈색, 카로틴은 노란색, 안토시아닌은 빨간색
- 나뭇잎에는 엽록소가 가장 많이 들어 있음
- 엽록소는 낮은 기온에 쉽게 파괴되는 성질을 지님
  ⇢ 가을이 되면 그동안 가려져 있던 크산토필, 카로틴 등이 잘 보임

염색과 파마
- 머리카락의 겉면은 큐티클이 생선 비늘처럼 겹겹이 쌓여 있음
- 큐티클 안쪽은 케라틴이 일정한 모양으로 채워져 있음
- 염색 과정
  ① 암모니아를 이용하여 큐티클 사이사이를 벌림
  ② 과산화수소로 멜라닌 색소를 파괴하여 머리카락의 원래 색을 없앰
  ③ 파괴된 멜라닌 색소 자리에 원하는 색의 염료를 발라 넣음
- 파마 과정
  ① 일정하게 화학 결합되어 있는 케라틴의 모양을 끊음
  ② 결합이 끊어진 머리카락을 둥근 롤러 등을 이용하여 원하는 모양으로 오랜 시간 놔둠
  ③ 모양을 고정하기 위해 다시 결합시킴

한 걸음 더!

미래를 이끄는 신소재

최근 화학을 연구하는 사람들이 가장 애쓰고 있는 분야가 바로 신소재 산업이에요. 신소재는 새로운 소재, 이 세상에 없는 재료를 뜻해요. 즉 기존에 있던 재료를 바탕으로 새로운 것을 만들어 내는 거예요. 청출어람*이라는 말처럼, 우리가 이미 쓰고 있는 재료들을 이용해 원재료보다 훨씬 뛰어난, 새로운 성능을 가진 소재를 만드는 것이지요.

어떤 신소재가 있을까?

금속을 이용한 대표적인 신소재 물질로는 형상 기억 합금이 있어요. 형상 기억 합금은 모양이 변했더라도 일정한 조건이 되면 다시 원래의 모습으로 되돌아갈 수 있는 능력을 가진 금속이에요. 우주선의 안테나, 의료용 장비, 비행기 등을 만들 때 사용해요.

금속이 아닌 무기 재료로 신소재를 만들기도 해요. 그 예로 파인 세라믹스와 광섬유가 있어요. 파인 세라믹스는 도자기와 비슷하지만 훨씬 단단해

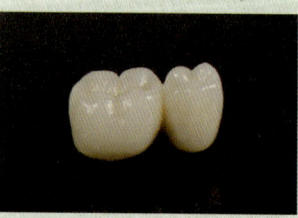

형상 기억 합금으로 만든 안경   파인 세라믹스로 만든 인공 치아

잘 깨지지 않고 열에도 강해요. 그래서 인공 뼈나 인공 치아를 만드는 데 이용하지요.

광섬유는 빛을 전달하는 섬유로, 통신 장비에 많이 사용해요. 그 외에 여러 가지 재료를 섞어 만든 탄소 섬유 강화 플라스틱과 같은 신소재도 있어요. 이런 신소재들은 예술 작품에도 활발히 이용되어 기존의 작품들과는 다른 새로운 아름다움과 가치를 만들어 내고 있답니다.

광섬유를 이용해 만든 드레스로, 어두운 곳에서 빛을 낸다.

탄소 섬유 강화 플라스틱을 이용해 만든 비행기로, 강철보다 강하고 가볍다.

★ **청출어람** 풀에서 나온 푸른 물감이 풀빛보다 더 푸르다는 뜻으로, 주로 스승을 뛰어넘는 제자를 가리킬 때 사용

1화 언니는 마술사?

1 다음 중 화학과 관련 없는 변화를 말하는 사람은 누구일까요?

① 우리가 먹은 음식물은 소화된 후에 배변으로 나오지.

② 날계란을 프라이팬에 부치면 계란 프라이가 돼.

③ 염색을 했더니 머리색이 갈색으로 바뀌었어.

④ 축제 시간이 1시에서 2시로 바뀌었대.

2 다음 단어와 뜻을 알맞게 짝지어 보세요.

원자 ①   ㉠ 물질의 특성을 나타내는 가장 작은 단위

원소 ②    ㉡ 물질을 이루는 가장 작은 알갱이

분자 ③    ㉢ 종류별로 나눈 원자의 모임으로, 물질을 이루는 기본 성분

3 다음 분자 그림을 보고 원소와 원자의 개수가 틀린 것을 고르세요.

① 염화나트륨
원자 2개, 원소 2개

② 이산화탄소
원자 3개, 원소 3개

③ 산소
원자 2개, 원소 1개

④ 수소
원자 2개, 원소 1개

4 다음 중 화합물은 무엇일까요?

① 소금물　　② 미숫가루　　③ 물　　④ 흙탕물

2화 금 나와라 뚝딱!

1 다음 중 고대 철학자들이 물질에 대해 생각한 것 중 틀린 것을 고르세요.

① 탈레스는 세상 모든 것을 이루는 것의 뿌리는 물이라고 생각했다.

② 데모크리토스는 모든 물질은 쪼갤 수 없는 작은 알갱이(원자)로 이루어졌다고 생각했다.

③ 엠페도클레스는 물, 불, 흙, 공기, 이 4가지 원소가 세상의 모든 물질을 이룬다고 생각했다.

④ 아리스토텔레스는 4원소설이 거짓이라고 생각했다.

2 다음 글을 읽고, 빈칸에 알맞은 말을 써 보세요.

> 고대 사람들은 4원소설에 영향을 받아, 어떻게 하면 원소의 성질을 마음대로 바꿔서 원하는 물질을 얻을 수 있을까 고민했어요. 그러다 실제로 값싼 물질을 금으로 바꾸려는 시도가 일어났는데, 이 연구를 (   )이라고 해요.

① 마법사의 돌   ② 마법사의 금   ③ 연금술   ④ 연금학

3 다음 보기를 읽고, 누구에 대한 설명인지 써 보세요.

> 영국의 과학자인 이 사람은 물질은 더 이상 쪼갤 수 없는 원자로 이루어져 있다고 주장했어요. 그는 같은 종류의 원자는 크기와 질량이 같고, 원자는 다른 종류로 바뀌지 않는다고도 주장했지요. 비록 이 주장들은 틀렸다는 것이 밝혀졌지만, 그의 원자설 덕분에 실제로 많은 화학 반응을 설명해 낼 수 있었답니다.

① 돌턴　　② 하버　　③ 아인슈타인　　④ 호프만

4 세계 역사 속에서 화학의 발달로 우리의 삶에 도움이 된 사례와 피해를 본 사례를 조사해 봐요. 〔서술형 문항 대비 ✓〕

😆 큰 도움이 되었어요!	😢 큰 피해를 보았어요!
· 인공 비료가 개발되어 식량난이 줄었어요. · 의약품이 발달하여 많은 생명을 구했어요. · · ·	· 핵폭탄이 발명되어 많은 사람이 죽었어요. · DDT의 독성을 모르고 사용했다가 많은 사람이 병에 걸렸어요. · · ·

3화 우리 집 곳곳에 화학 반응이!

1 다음 중 산화 반응에 대해 틀린 설명을 하고 있는 사람을 고르세요.

① 물질이 산소와 만나 변하는 현상을 산화 반응이라고 해.

② 철이 산소를 만나 녹스는 것도 산화 반응이야.

③ 깎아 놓은 과일이 갈색으로 변하는 것은 산소가 없기 때문이지.

④ 공기에는 산소가 20퍼센트 정도 있어서 철을 산화철로 만들어.

2 다음 설명을 읽고 빈칸에 들어갈 알맞은 말을 〈보기〉에서 고르세요.

> 부엌에서 볼 수 있는 산화 반응 중 가장 대표적인 것은 가스레인지예요. 가스레인지에서 불이 타오르는 연소 반응이 바로 산화 반응이지요. 연소란 어떤 물질이 산소와 만나 (　　)와/과 (　　)을/를 내는 현상이에요.

보기

산화철　　발암 물질　　열　　수소　　빛　　바람　　공기

3 다음 중 계면활성제에 대한 설명으로 맞는 것을 모두 고르세요.

① 물과 기름, 양쪽 다 친하지 않기 때문에 때만 쏙 뺀다.

② 물과 기름을 섞이게 하여 때를 뺀다.

③ 많이 사용할수록 피부에 도움이 된다.

④ 비누, 치약, 샴푸, 세안제 등 다양한 생활용품에 들어 있다.

4 집에 있는 화학제품을 찾아보고, 어떤 기능이 있는지 조사해 봐요.

서술형 문항 대비 ✓

화학제품	기능
·섬유 유연제	·옷의 촉감을 부드럽게 하고, 정전기를 막는 물질
·탈취제	·냄새를 없애는 데 쓰는 물질
·방향제	·
·	·
·	·
·	·

어디에 쓰는 제품이지?

4화 먹지 마, 위험해!

1 다음 대화를 읽고 변애라의 대사로 적절하지 않은 것을 고르세요.

① 그럼 나도 타르 색소가 가득 든 알록달록한 음식을 골라 먹을래.
② 식용 색소가 내 성장을 방해하게 할 순 없어! 내 몸은 내가 지킨다!
③ 특히 식용 색소는 성장하는 아이들에게 더 위험하대. 그러니 과일을 먹을 거야!
④ 앞으로는 제품 포장지에 표시된 성분을 꼼꼼히 확인할 거야.

2 다음 중 KC인증에 대한 설명으로 맞는 것을 모두 고르세요.

① 안전, 보건, 품질 등에서 문제가 없는지 확인하는 제도이다.
② 국가에서 실시하는 제도지만, 강제성은 없다.
③ 인증을 받으면 오른쪽에 있는 마크를 제품에 표시한다.
④ 인증을 받아야 하는 품목은 정해져 있지 않다.

3 다음 중 소비자의 자세로 올바르지 않은 것을 고르세요.

① 품질 인증을 받았는지 살핀다.
② 피부에 닿는 제품은 자주 빨거나 햇빛에 소독한다.
③ 물건을 사용할 때 색이 잘 벗겨져도 안심하고 사용한다.
④ 물건을 살 때 믿을 만한 회사인지, 원산지가 표시되어 있는지 살핀다.

4 최근 유해 물질 때문에 사회적으로 논란이 생긴 화학제품을 찾아보고, 무엇이 문제였는지 알아봐요. 서술형 문항 대비

화학제품	문제가 된 이유
·가습기 살균제	·가습기 속 세균을 없애는 제품에서 몸에 나쁜 물질이 나와, 많은 사람들이 병에 걸리거나 목숨을 잃었어요.
·치약	·
·	·
·	·

5화 예쁘게, 멋있게 변해라!

1 다음 빈칸에 들어갈 말로 알맞은 것을 고르세요.

> 금속 물질을 겉불꽃에 넣으면 각 금속마다 특정한 (   )을 띠는데, 이를 불꽃 반응이라고 해요. (   )이 다양하기 때문에 아름답고 화려한 불꽃놀이를 즐길 수 있어요.

① 불꽃공   ② 불꽃색

③ 불꽃 모양   ④ 불꽃향

2 다음은 나뭇잎의 색소 변화에 대해 비교한 표예요. 아래 빈칸을 알맞게 채우세요.

기온이 높아지는 봄, 여름	기온이 낮아지는 가을
( )가 많아서 초록색으로 보인다.	( )가 파괴되어 다른 색소들이 잘 보인다.

116

3 다음 중 붉은 단풍에 많이 생기는 색소의 대사로 알맞은 것을 모두 고르세요.

① 내 이름은 안토시아닌이야.
② 나의 원료는 흙이지.
③ 평소에는 거의 없지만, 기온이 올라가면 많이 생겨.
④ 나는 햇빛을 받아 광합성을 할 때 만들어진단다.

4 다음 중 머리카락에 대한 설명으로 알맞은 것을 모두 고르세요.

① 머리카락의 겉면은 생선 비늘같이 생긴 큐티클이 겹겹이 쌓여 있어요.
② 머리카락의 안쪽은 케라틴이라는 지방으로 차 있어요.
③ 염색을 할 때는 제일 먼저 암모니아를 발라 큐티클을 벌려요.
④ 염색과 파마는 머리카락을 건강하게 만들어 줘요.

정답 및 해설

1화

1. ④

⋯ 시간 약속을 바꾼 것은 화학과 관련이 없어요. (☞16~17쪽)

2. ①-ⓒ ②-ⓒ ③-㉠

⋯ 원자는 물질을 이루는 가장 작은 알갱이예요. 원소는 이 원자들을 종류별로 나눈 것으로, 물질을 이루는 기본 성분이지요. 분자는 물질의 특성을 나타내는 가장 작은 단위랍니다. (☞18~21쪽)

3. ②

⋯ 이산화탄소(CO_2)는 원소가 2개예요. (☞19쪽)

4. ③

⋯ 물은 산소와 수소의 화합물이에요. (☞25쪽)

2화

1. ④

⋯ 아리스토텔레스는 4원소설을 찬성하고 조금 더 발전시켰어요. (☞37쪽)

2. ③

⋯ 고대 사람들은 값싼 물질을 금으로 바꾸기 위해 연금술을 연구했어요. (☞38~39쪽)

3. ①

⋯ 돌턴의 원자설은 현대에 와서 틀린 부분들이 밝혀지긴 했지만, 화학 반응을 설명하는 데 큰 도움이 되었어요. (☞40~41쪽)

4. 자유롭게 조사하여 적어 봐요.

3화

1. ③

⋯ 깎아 놓은 과일이 갈색으로 변하는 것은 산소에 닿아 산화되는 현상이에요. (☞58~59쪽)

2. 열, 빛

⋯ 연소 반응은 어떤 물질이 산소와 만나 열과 빛을 내는 현상이에요. (☞60쪽)

3. ②, ④

⋯ 계면활성제는 물, 기름과 친한 성분이에요. 또한 지나치게 많이 사용하면 피부에 나쁜 영향을 줄 수 있어요. (☞62~63쪽)

4. 자유롭게 조사하여 적어 봐요.

⋯ 예) 방향제 - 좋은 향기를 내뿜는 물질

4화

1. ①
→ 변신애와 기대로는 간식거리에 사용되는 식용 색소가 몸에 나쁘므로, 그 대신 과일을 많이 먹겠다는 이야기를 나누고 있어요. 따라서 타르 색소가 들어 있는 음식을 골라 먹겠다는 대사는 적절하지 않아요. (☞77쪽)

2. ①, ③
→ KC인증은 국가에서 실시하는 품질 인증 제도로, 지정된 품목이라면 무조건 인증을 받아야 하는 강제성을 띤 제도예요. 인증을 받아야 하는 품목은 정해져 있어요. (☞79쪽)

3. ③
→ 색이 잘 벗겨지는 물건은 품질이 나쁘고 우리 몸에 유해한 성분이 나올 수 있으므로 안심하면 안 돼요. (☞79쪽)

4. 자유롭게 조사하여 적어 봐요.
→ 예) 치약 – 몇몇 제품에 가습기 살균제에 사용되어 논란이 된 화학 물질이 들어 있었어요.

5화

1. ②
→ 금속 물질을 겉불꽃에 넣었을 때 띠는 특정한 빛을 불꽃색이라고 해요. (☞96~97쪽)

2. 엽록소
→ 따뜻한 날씨에 나뭇잎에 가장 많이 들어 있는 색소는 엽록소예요. 엽록소는 추위에 약하기 때문에 기온이 내려가면 파괴돼요. 엽록소가 파괴되면 그동안 가려져 있던 붉고, 노란 색소들이 보인답니다. (☞100~101쪽)

3. ①, ④
→ 붉은 단풍에 많이 생기는 색소는 안토시아닌이에요. 평소에는 거의 없지만, 기온이 낮아지면 엽록소가 파괴된 틈을 타 많아지지요. (☞100~101쪽)

4. ①, ③
→ 케라틴은 단백질 성분이에요. 염색과 파마를 하면 머리카락이 손상되므로 관리를 잘 해줘야 해요. (☞102~103쪽)

찾아보기

ㄱ
갈변 현상 ………………………… 59
계면활성제 ……………………… 63

ㄴ
나프탈렌 ………………………… 64

ㄷ
돌턴의 원자설 ……………… 40~41

ㅂ
발암 물질 ………………………… 61
분자 …………………………… 20~21
분해 ……………………………… 23
불꽃 반응 …………………… 96~97
불꽃색 ………………………… 96~97

ㅅ
4원소설 …………………………… 36
산화 반응 …………………… 58~59
산화철 ………………………… 58~59
새집 증후군 ………………… 68~69
식용 색소 ………………………… 77
신소재 ……………………… 106~107

ㅇ
안토시아닌 ……………………… 101
연금술 ………………………… 38~39
연소 ……………………………… 60
염화칼슘 ………………………… 65
엽록소 …………………………… 100

ㅇ
원소 …………………………… 19~21
원자 ………………… 18~21, 40~41

ㅋ
케라틴 …………………………… 103
KC인증 …………………………… 79
큐티클 …………………………… 102

ㅌ
타르 색소 ………………………… 77

ㅎ
합성물감 ……………………… 98~99
항균제 …………………………… 84
혼합물 …………………………… 24
화학 …………………………… 16~17
화학 반응 ………………………… 23
화합 ……………………………… 22
화합물 …………………………… 25
환경 호르몬 ……………………… 61

120

초등 교과 과정에 알맞게 개발한 통합교과 정보서

참 잘했어요 과학

하나의 과학 주제를 다양한 분야에서 살펴보는 통합교과 정보서입니다.
재미있는 스토리와 서술형 평가에 대비하는 워크북도 함께 실었습니다.
서울과학교사모임의 꼼꼼한 감수로 내용의 정확도를 높였습니다.

1 또 하나의 가족 **반려동물**
2 범인을 찾아라! **과학수사**
3 뼈만 남았네! **공룡과 화석**
4 과학을 타자! **놀이기구**
5 약이야? 독이야? **화학제품**
6 두 얼굴의 하늘 **날씨와 재해**
7 고수의 몸짱 비법 **운동과 다이어트**
8 이젠 4차 산업 혁명! **로봇과 인공지능**
9 과학을 꿀꺽! **음식과 요리**
10 외계인의 태양계 보고서 **우주와 별**
11 나 좀 살려 줘! **환경과 쓰레기**
12 시큼시큼 미끌미끌 **산과 염기**
13 시원해! 상쾌해! **화장실과 똥**
14 대비해! 대피해! **지진과 안전**
15 이게 무슨 소리?! **음악과 소음**
16 세상에서 가장 착한 초록 **반려식물**
17 가슴이 콩닥콩닥 **성과 사춘기**
18 눈이 따끔, 숨이 탁! **미세먼지**
19 미생물은 힘이 세! **세균과 바이러스**
20 그 옛날에 이런 생각을?! **전통과학**
21 땅속에서 무슨 일이?! **보석과 돌**
22 줄을 서시오! **원소와 주기율표**
23 드라큘라도 궁금해! **피와 혈액형**
24 불 때문에 난리, 물 때문에 법석! **기후 위기**
25 결정은 뇌가 하지! **뇌와 AI**
26 지켜 주지 못해 미안해! **멸종 동물**
27 생명이 꿈틀꿈틀! **바다와 갯벌**
28 가상에 쏙, 현실이 짠! **메타버스**
29 작지만 무서워! **미세 플라스틱**
30 세상이 번쩍, 생각이 반짝! **전쟁과 발명**
31 어제는 패션, 오늘은 쓰레기! **패스트 패션**

글 신방실 외 | 그림 시미씨 외 | 감수 서울과학교사모임
값 1~10권 10,000원, 11~25권 11,000원, 26~30권 13,000원